KB054466

고교영어·수능 필수숙어

이런 **영숙어** 모르면
수능시험 치지마라

1001 편집위원회 편 이해영 역

Language**PLUS**™

편저

瓜生　豊／木村　学／久保田廣美／川野　健治／しぎょう　ひつみ
篠田　重晃／武田　真／玉置　全人／塚越　友幸／豊島　克己
中尾　悟／丹羽　裕子／長谷川正史／古本　勝則／三浦　愛三
松井道男

이해영
한국외국어대학교 영어과 졸업/테헤란, 뉴욕, 튀니스, 암스테르담 등지에서
KOTRA 무역관장으로 근무/런던, 쿠웨이트, 상파울루, 뉴욕에서 기업 활동
/현재 랭기지플러스 영어 교재 컨설턴트로 활동 중

이런 영단어 모르면 수능시험 치지마라

초판 인쇄/ 2005년 1월 5일
초판 발행/ 2005년 1월 10일
지 은 이/ 2001 편집위원회
옮 긴 이/ 이해영
펴 낸 이/ 엄태상
펴 낸 곳 / 랭기지플러스
등록 일자 / 2000년 8월 17일
등록 번호 / 제1-2718호
주　　소 / 서울시 강남구 역삼동 826-28
전　　화 / 02-3671-0595
팩　　스 / 02-3671-0500
E-mail/tltk@chollian.net
Homepage/www.sisabook.com

머리말 ::

우리만큼 대학 입시가 치열한 일본. 일본 최고의 명문대인 동경대 합격생들은 어떻게 영숙어를 정복했을까? 단계별 영숙어 공략법으로, 동경대 지원자는 물론 일본 고교생들 사이에서 베스트셀러로 선풍적인 인기를 모은 '영숙어 1001'을 드디어 한국에서 만날 수 있게 되었다.

이 책은 일본에서 가장 유명한 입시 학원이자, 입시 전문 출판사인 '카와이주크'의 최고 강사진 14명이 만들어낸 야심작이다. 유명 강사진들이 직접 현장에서 학생들의 요구 사항을 바탕으로 입시 문제를 철저히 분석해 내놓은 영숙어 책이다.

기존의 영숙어 책들처럼 숙어와 뜻풀이의 단순한 나열이 아니라, 실제 시험에서 어떻게 출제될 것인가를 고려해, 내신·수능에서의 고득점과 직접 연결될 수 있는 가장 중요한 입시용 숙어 1001개를 실었다.

반드시 알아둬야 할 가장 쉬운 '절대숙어' 부터, 최고수준 '험난숙어' 까지 난이도별로 Start→Dash→Lead→Goal의 4단계로 나뉘어 있어, 왕초보부터 일류 대학 입학을 원하는 학생까지 이 한 권으로 영숙어 정복이 가능하도록 했다. 영어 실력의 초석이 되는 영숙어. 그 초석을 다지고, 시험에서 고득점을 얻기 위한 영숙어 책은 이 책 한 권이면 충분하다.

대입을 위해 어떤 책을 선택하느냐에 따라 그 결과는 완전히 달라질 수 있다. 이미 일본에서 많은 학생들이 선택함으로써 이 책의 진가가 확인되었다. 가장 빨리, 가장 쉽게 꼭 외워야 할 숙어만 알려주는 '영숙어 1001' 이 여러분을 대학 입학의 길로 안내할 것이다.

차례 ::

머리말 Ⅲ 일러두기 Ⅵ

:: 일러두기

- 영문의 ( )는 생략 가능한 어구를 나타낸다.
  EX. to be frank (with you)

- 영문의 [ ]는 바로 앞 어구와 바꿔 쓸 수 있는 어구를 나타낸다.
  EX. complain about[of] A

- / 은 두 형태 모두 가능하다는 것을 나타낸다.
  EX. put off A / put A off

- =은 바꿔 쓸 수 있는 동의 표현을 나타낸다.

- A나 B는 일반적으로 목적어가 되는 명사를 나타낸다.
  EX. blame A for B

- S는 주어가 되는 명사를 가리킨다.
  EX. What is S like?

- [자동사+전치사] 형태의 숙어는 account for A와 같이 표기한다.

- [타동사+부사] 형태의 숙어는 bring up A / bring A up과 같이 표기한다. A가 대명사일 때는 bring A up의 어순으로 사용해야 한다.

- to *do*는 to부정사를 나타낸다.
  EX. come to *do*

- *do*ing은 동명사 또는 현재분사를 나타낸다.
  EX. look forward to *do*ing

- **on이나 upon을 사용할 수 있는 숙어는 on으로 통일한다.**
  - **EX.** depend on A는 depend upon A도 가능하다는 것을 나타낸다.

- ***one's*는 인칭대명사의 소유격을 나타낸다.**
  - **EX.** do *one's* best

---

usage 숙어의 사용법으로 주의해야 할 사항이다.

= 의미가 동일한 숙어

opp. 의미가 정반대인 숙어

cf. take off A[A(옷·구두 등)를 벗다]와 take off[(비행기가)이륙하다] 처럼, 혼동하기 쉬운 형태를 나타낸 것으로, 시험에 두 개의 구별 문제가 출제되는 숙어

syn. be envious of A(A를 부러워하다)와 be jealous of A(A를 질투하다)처럼, 의미는 비슷하지만 동의 숙어로서 출제되지 않으며, 시험에서 두 개의 구별 문제도 나오지 않는 숙어

+α remind A of B(A에게 B를 생각나게 하다)와 remind A to *do*(A에게 ~ 할 것을 생각나게 하다)처럼, 관련되어 있어 함께 외워두면 좋을 숙어

point 해당 숙어를 외우기 위한 힌트

➕ 공부의 단조로움을 막기 위해 1st에서 33rd까지 평균 30개의 숙어를 한 덩어리로 묶었습니다. 1st~33rd 표시가 오른쪽 페이지 위쪽에 있으므로, 하루에 외울 분량으로 하면 공부하기 좋습니다.

Step 1

Start

Idiom 200

0001 ☐ **account for A**

1. He couldn't **account for** his foolish mistakes.
usage His carelessness **accounts for** the accident.
2. Coffee **accounts for** two-thirds of the country's exports.

0002 ☐ **bring up A / bring A up**

▶ Lucy was **brought up** by her grandparents.
cf. Lucy **grew up** in California.

0003 ☐ **come to *do***

▶ We don't know how he **came to know** her.

0004 ☐ **look forward to *do*ing**

▶ I'm **looking forward to seeing** you again in Korea.
usage Children in general **look forward to** Christmas presents.

0005 ☐ **take after A**

▶ The baby **takes after** his mother.

¹A를 설명하다 (= explain A)   ²A의 ~(몫)을 차지하다

1. 그는 자기의 어리석은 실수를 설명할 수가 없었다.
usage 주제가 무생물일 경우는 'A가 원인이다' 라고 해석한다.
　　　　그의 부주의가 그 사고의 원인이다.
2. 커피는 그 나라의 수출의 3분의 2를 차지한다.

A를 기르다 (= raise A)

▶ 루시는 조부모에 의하여 길러졌다. (조부모가 양육했다.)
cf. **grow up** 성장하다, 어른이 되다
　　　 루시는 캘리포니아에서 성장했다.

~할 수 있게 되다 (= get to *do*)

▶ 우리는 그가 어떻게 그녀와 알게 되었는지 알 수 없다.
usage *do*의 위치에 오는 것은 like, know 등의 상태동사
cf. **learn to** *do* (노력하여) ~할 수 있도록 되다 0088 참고

~하기를 (즐거움으로) 고대하다

▶ 한국에서 당신과 다시 만나기를 고대하고 있습니다.
usage 여기에서 to는 전치사이며 *do*ing 대신 명사도 올 수 있다.
　　　　아이들은 일반적으로 크리스마스 선물을 고대한다.

A(사람)와 닮다 (= resemble A)

▶ 그 아기는 어머니와 닮았다.
usage A에는 보통 혈연 관계에 있는 윗사람이 온다.

0006 ☐ **in a minute / in a moment / in a second**

▷ Please wait here. I'll be back **in a minute.**

0007 ☐ **behind** *one's* **back**

▷ People used to laugh at him **behind his back.**

0008 ☐ **keep early hours / keep good hours**

▷ It's quite natural for children to **keep early hours.**

0009 ☐ **be aware of A**

▷ James **was** not **aware of** being followed.

0010 ☐ **be fond of A**

▷ I'**m fond of** listening to classical music.

0011 ☐ **take part in A**

▷ John asked the boy to **take part in** the game.

곧 (= soon)

▶ 여기에서 기다려 주세요. 곧 돌아오겠습니다.

point 여기에서 in은 '~뒤에'를 의미하므로, in a minute는 '1분 후에' 즉, '곧'을 뜻한다.

몰래, 사람이 없는 곳에서

▶ 사람들은 몰래 그를 비웃곤 했다.

opp. to *one's* face 얼굴을 맞대어

point 여기에서 back은 명사로 '등'이라는 뜻.

일찍 자고 일찍 일어나다

▶ 어린이들이 일찍 자고 일찍 일어나는 것은 아주 당연한 일이다.

usage 요즘은 보통 keep regular hours를 많이 쓴다.

opp. keep late[bad] hours 밤을 새고 늦잠을 자다

A를 알아채다, 알고 있다 (= be conscious of A)

▶ 제임스는 뒤를 밟힌 것을 알지 못했다.

opp. be unaware of A, be ignorant of A A를 알지 못하다 0029 참고

A를 좋아하다 (= like A)

▶ 나는 클래식 음악 듣는 것을 좋아한다.

A에 참가하다 (= participate in A)

▶ 존은 그 소년에게 게임에 참가해달라고 요청했다.

0012 □ **be responsible for A**

1. Men and women must **be** equally **responsible for** bringing up children.
2. His carelessness **was responsible for** the accident.

0013 □ **make friends with A**

▶ She **made friends with** Tom at the party.

0014 □ **be worried about A**

▶ He **is worried about** losing his job.

0015 □ **regard A as B**

▶ We **regarded** his behavior **as** childish.

0016 □ **turn on A / turn A on**

▶ I **turned on** the radio to listen to the news.

¹(사람이) A에 책임이 있다 ²(일이) A의 원인이다

1. 남녀는 자녀양육에 동등한 책임을 져야 한다.

usage be responsible to A for B A(사람)에게 B의 일로 책임이 있다

syn. **take responsibility for A** A에 책임을 지다[갖다]

2. 그의 부주의가 그 사고의 원인이었다.

A와 친구가 되다

▶ 그녀는 파티에서 톰과 친구가 되었다.

usage 자기와 상대방, 즉 2명이므로 복수형 friends를 사용한다.

+α **be friends with A** A와 친구가 되다 / **shake hands with A** A와 악수하다 / **change trains** 지하철을 환승하다

A를 걱정하다

▶ 그는 직장을 잃을 것을 걱정하고 있다.

A를 B라고 간주하다, 생각하다 (= think of A as B, look on A as B)

▶ 우리들은 그의 행동을 어린애 같다고 생각했다.

usage B에는 형용사 또는 명사가 온다.

A(TV · 전등 등)를 켜다 (= switch on A), A(물 · 가스)를 틀다

▶ 나는 뉴스를 듣기 위해 라디오를 켰다.

opp. **turn off A / turn A off** A를 끄다, A를 끊다

0017 ☐ **prevent A from *do*ing**

▷ The mist **prevented** him **from seeing** very far.

0018 ☐ **turn A into B**

▷ She **turned** her old dress **into** a skirt.

0019 ☐ **put A into B**

▷ Could you **put** this report **into** Italian for me?

0020 ☐ **both A and B**

▷ **Both** drinking **and** smoking are bad for the health.

0021 ☐ **get on A**

▷ Watch your step when you **get on** the train.

0022 ☐ **be capable of *do*ing**

▷ This elevator **is capable of carrying** ten persons.

A가 ~하는 것을 방해하다, 방지하다 (= keep [stop] A from *do*ing)

▶ 그는 안개 때문에 꽤 먼 거리는 보지 못했다.

A를 B로 바꾸다 (= change A into B)

▶ 그녀는 오래 입었던 드레스를 스커트로 고쳤다.

A를 B로 번역하다 (= translate A into B)

▶ 이 보고서를 이탈리아어로 번역해 주시겠습니까?

A도 B도 양쪽 다 (= at once A and B)

▶ 술도 담배도 둘 다 건강에 나쁘다.

A(지하철 · 버스 등)에 타다

▶ 지하철에 탈 때에는 발밑을 주의하십시오.
opp. **get off A** A(지하철 · 버스 등)로부터 내리다
cf. **get on with A** A(사람)와 잘 지내다 0415 참고

(사람 · 물건이) ~하는 능력이 있다

▶ 이 엘리베이터는 10명이 탈 수 있다.
cf. **be able to** *do* (~할 수 있는)의 주어는 '사람' 만 가능.
opp. **be incapable of** *do*ing (사람 · 물건이) ~하는 능력이 없다

0023 ☐ **inform A of B**

▶ I didn't **inform** my parents **of** the decision I had made.

0024 ☐ **take off A / take A off**

▶ "**Take off** your pants," said the doctor.
cf. 1. Bill was so tired that he **took** the day **off**.
2. Her plane has just **taken off**.

0025 ☐ **help A with B**

▶ Could you **help** me **with** my homework?

0026 ☐ **be popular with [among] A**

▶ That Kabuki actor **is** very **popular with** young people.

0027 ☐ **be grateful to A for B**

▶ I'**m grateful to** you **for** your help.

A(사람)에게 B(일)를 알리다 (= tell A about B)

▶ 나는 내가 결정한 것에 대해 부모님께 알리지 않았다.

usage of는 '~에 대하여'란 뜻이므로 about도 사용할 수 있다.

A(의복·구두 등)를 벗다, 없애다, 제거하다

▶ "바지를 벗으세요."라고 의사는 말했다.

opp. put on A / put A on A(의복·구두 등)를 신다, 입다 0139 참고

cf. 1. take A off A(기간)를 휴일로 하다, 쉬다 (= have A off)
       빌은 너무 피곤해서 하루 쉬었다.
    2. 자동사의 take off는 '(비행기가) 이륙하다'라는 뜻.
       그녀가 탄 비행기는 방금 이륙했다.

A(사람)의 B(일)를 돕다

▶ 내 숙제 도와줄 수 있어?

usage 우리말 식으로 help my homework로 하지 말 것.

+α give A a hand A를 돕다

A에게 인기가 있다

▶ 저 가부키 배우는 젊은 사람들에게 대단히 인기가 있다.

usage A가 1~2명인 경우 with만 쓸 수 있다.

A(사람)에게 B의 일로 감사하다 (= be thankful[obliged] to A for B)

▶ 도와주셔서 감사합니다.

+α thank A for B A(사람)에게 B의 일로 감사하다

0028 ☐ see A off

▶ I went to the airport to **see** them **off**.

0029 ☐ be ignorant of A

▶ She **is ignorant of** even the simplest facts about science.

0030 ☐ be ashamed of A

▶ The politician **was** not **ashamed of** having taken bribes.

0031 ☐ get to A

▶ Could you tell me how to **get to** the nearest station?

0032 ☐ be absent from A

▶ He **was absent from** school yesterday because he was ill.

0033 ☐ be married to A

▶ Queen Elizabeth **is married to** Prince Phillip.

A(사람)를 전송[배웅]하다

▶ 나는 그들을 배웅하러 공항까지 갔었다.

usage see off A의 형태로는 잘 쓰지 않는다.

opp. **meet A** A(사람)를 마중 나가다

A를 모르다 (= be unaware of A)

▶ 그녀는 과학에 관해서는 아주 간단한 사실조차 알지 못한다.

A를 부끄럽게 여기다

▶ 그 정치가는 뇌물 받은 것을 부끄러워 하지 않았다.

cf. **be shy** (성격이) 부끄러워 하는

+α **be above** *do***ing** ~하는 것을 부끄러워 하다

A에 닿다, 도착하다 (= reach A, arrive at A)

▶ 가장 가까운 역까지 어떻게 가면 되나요?

A를 결석하다 (= absent *oneself* from A)

▶ 그는 어제 병으로 학교를 쉬었다.

opp. **be present at A, present** *oneself* **at A** A에 출석하다

A와 결혼하다

▶ 엘리자베스 여왕은 필립공과 결혼했다.

cf. **get married to A** A와 결혼하다 (= marry A)

0034 ☐ **pay attention to A**

▸ You should **pay attention to** what the doctor tells you.

0035 ☐ **try on A / try A on**

▸ He **tried** the shoes **on**, but they were too small.

0036 ☐ **take place**

▸ When is the wedding going to **take place**?

0037 ☐ **be similar to A**

▸ Your purse **is similar to** mine.

0038 ☐ **be dressed in A**

▸ She **was dressed in** white.

0039 ☐ **find fault with A**

▸ The boss is always **finding fault with** me.

14

A에 주의하다, 유의하다 (= take notice of A 0208 참고)

▶ 의사 선생님이 말하는 것에 유의해야 한다.

A를 입어보다, 신어보다

▶ 그는 구두를 신어 보았지만 너무 작았다.

point 부사 on은 '몸에 붙여서' 라는 의미를 갖는다.

(행사 · 판촉이) 행해지다 (= be held)
(사고 등이) 발생하다 (= happen, occur)

▶ 결혼식은 언제 시작합니까?

usage take place는 자동사의 역할을 하므로 수동태로는 쓸 수 없다.

A와 닮았다, 비슷하다 (= be like A)

▶ 당신의 지갑은 내 것과 비슷하다.

A를 입다

▶ 그녀는 흰색 옷을 입고 있었다.

usage A에는 옷이나 옷의 색이 온다.

A의 잘못을 찾다 (= criticize A)

▶ 상사는 언제나 나의 잘못을 찾고 있다.

point fault는 '결점 · 결함' 의 뜻.

15

0040 ☐ **lie in A**

▸ His attraction **lies in** his character, not his looks.

0041 ☐ **be filled with A**

▸ **I'm filled with** joy every time I see you.

0042 ☐ **It is no use *do*ing**

▸ **It is no use crying** over spilt milk.

0043 ☐ **look after A**

▸ Who will **look after** the baby while they're out?

0044 ☐ **make a mistake**

▸ She became so nervous that she **made a** terrible **mistake**.

0045 ☐ **at first sight**

▸ They fell in love with each other **at first sight**.

A에 있다 (= consist in A 0479 참고)

▶ 그의 매력은 그의 외모가 아니고 성격에 있다.

A로 꽉 차 있다 (= be full of A)

▶ 너를 볼 때마다 나는 기쁨으로 가득차.

~해도 소용이 없다 (= There is no point in *do*ing)

▶ 엎지른 물은 다시 담을 수 없다. (지나간 일은 생각하지 마라.)
usage use 대신 good을 사용할 수도 있다.

A를 돌보다, 보살피다 (= take care of A, care for A 0456 참고)

▶ 그들이 외출하는 동안에 누가 아기를 돌보지?

잘못을 저지르다

▶ 그녀는 대단히 신경이 예민해져서 엄청난 실수를 범했다.
+α make a + 명사
ex) **make a speech** 연설을 하다, **make an attempt** 시도하다,
make a decision 결심하다

첫눈에

▶ 그들은 첫눈에 서로 사랑에 빠졌다.

0046 ☐ **weather permitting**

▸ In summer, we eat in the garden, **weather permitting**.

0047 ☐ **keep on *do*ing / keep *do*ing**

▸ She **kept on dancing** all through the party.

0048 ☐ **at *one's* best**

▸ This garden is **at its best** in summer.

0049 ☐ **graduate from A**

▸ I hear that physicist **graduated from** Harvard University.

0050 ☐ **have only to *do* / only have to *do***

▸ You **have only to take** one look at him in order to find him strange.

usage **All you have to do is take** one look at him in order to find him strange.

0051 ☐ **make up *one's* mind to *do***

▸ He has **made up his mind to buy** the car.

18

날씨가 좋으면 (= if it is fine)

▶ 여름에는 날씨가 좋으면, 우리는 정원에서 식사를 한다.

계속 ~하다 (=go on *do*ing 0555 참고, continue to *do*)

▶ 그녀는 파티 내내 계속 춤을 췄다.

가장 좋은, 최적의

▶ 이 정원은 여름이 가장 좋다.

cf. at best 기껏해야, 고작 0337 참고

A를 졸업하다

▶ 저 물리학자는 하버드 대학을 졸업했다고 한다.

~하기만 해도

▶ 그를 한번 보기만 해도 그가 괴짜라는 것을 알 수 있다.

usage All you have to do is (to) *do*로 바꿔 쓸 수 있다.

~하기로 결심하다 (=decide to *do*)

▶ 그는 차를 사기로 마음먹었다.

0052 ☐ **and yet / but yet**

▸ Dinosaurs look horrible, **and yet** they are very popular with children.

0053 ☐ **What ~ for?**

▸ **What** are you doing that **for**?
usage "I went to Seoul last week." "**What for**?"

0054 ☐ **have got to** *do* **/ have to** *do*

▸ You**'ve got to** go even if you don't want to.

0055 ☐ **look up to A**

▸ Our teacher is a sincere person, so I **look up to** him.

0056 ☐ **see the sights of A**

▸ We're going on a bus tour to **see the sights of** Kyongju.

0057 ☐ **be good at A**

▸ My brother **is good at** mathematics.

하지만, 그러나

▶ 공룡은 무섭게 보이지만, 어린이들에게는 대단히 인기가 있다.
usage yet만으로 사용될 경우도 있다.

어째서, 무슨 목적으로

▶ 너 어째서 그런 것을 하고 있어?
usage What for? 만으로도 '무슨 이유로, 어째서' 라는 뜻이 된다.
"나 지난 주에 서울에 갔었어." "왜? (무슨 일로?)"

~하지 않으면 안되다

▶ 네가 가고 싶지 않아도 가지 않으면 안돼.
usage 부정형은 have not got to *do*, don't have to *do* ~할 필요는 없다

A를 존경하다 (= respect A)

▶ 우리 선생님은 성실한 사람이라 나는 그를 존경한다.
point 'A를 우러러 보다' 가 원래의 뜻.
opp. **look down on A** A를 경멸하다 (= despise A)

A(명소)를 관광하다 (= do the sights of A)

▶ 우리들은 버스 투어로 경주를 관광하러 갈 예정이다.

A를 잘하다, A가 특기이다

▶ 우리 형은 수학을 잘한다.
opp. **be poor [bad] at A** A가 서툴다, 잘 못하다

21

0058 ☐ **have no idea**

▸ I **have no idea** what we are doing in our math class.
usage I **don't have the slightest idea** what we are doing in our math class.

0059 ☐ **against *one's* will**

▸ He was fired **against his will**.

0060 ☐ **be against A**

▸ Catholics **are against** birth control.
opp. Only he **was for** the proposal.

0061 ☐ **speaking of A / talking of A**

▸ **Speaking of** marriage, did you know Kate's getting married?

0062 ☐ **for the first time**

▸ I went to Vienna **for the first time** last year.

0063 ☐ **lose *one's* way**

▸ I **lost my way** in New York.

전혀 알 수 없다

▶ 수학 수업에서 무엇을 하고 있는 건지 전혀 알 수 없다.

usage don't have the slightest [least/faintest] idea로 바꿔 쓸 수 있다.

뜻에 반하여, 본의 아니게

▶ 그는 본의 아니게 해고되었다.

point against는 '~에 반하여', will은 명사로 '의지' 라는 뜻.

A에 반대하다 (= be opposed to A 0514 참고)

▶ 카톨릭 신자들은 산아제한에 반대하고 있다.

opp. **be for A** A에 찬성하다

그만이 그 제안에 찬성했다.

A라고 말하면, 말하는 건

▶ 결혼이라 말씀하시는 건, 케이트가 결혼하는 것을 알고 계셨나요?

처음으로

▶ 나는 작년에 처음으로 비엔나에 갔었다.

cf. **at first** 처음에는 0090 참고

길을 잃다 (= get lost)

▶ 나는 뉴욕에서 길을 잃었다.

0064 ☐ **put out A / put A out**

▸ He lit another cigarette, but immediately **put** it **out**.

0065 ☐ **in advance**

▸ You have to reserve your seat at least three weeks **in advance**.

0066 ☐ **by mistake**

▸ Catherine opened someone else's suitcase **by mistake**.

A(전등 · 불)를 끄다 (= extinguish A)

▶ 그는 다른 담배에 불을 붙였지만 곧 껐다.

cf. go out (전등 · 불이) 꺼지다 0736 참고

미리 (= beforehand)

▶ 적어도 3주 전에 미리 자리를 예약하지 않으면 안된다.

잘못하여, 실수로 (= in error)

▶ 캐서린은 실수로 다른 사람의 옷가방을 열었다.

0067 ☐ **stay with A**

▶ My wife's mother is **staying with** us next week.

(cf.) We usually **stay at** a hotel not far from the beach.

0068 ☐ **on business**

▶ I'm here **on business**, not for pleasure.

0069 ☐ **in public**

▶ He repeated **in public** what I had said.

0070 ☐ **be willing to** *do*

▶ She **is willing to do** odd jobs.

0071 ☐ **be in good health**

▶ He **was in good health** last summer.

0072 ☐ **manage to** *do*

▶ I've **managed to finish** the first three chapters so far.

A(사람)의 집에 머물다 (= put up with A 0125 참고)

▶ 우리 장모님이 다음주 우리 집에 머무실 예정이다.

(cf.) **stay at A, stay in A** A(장소 · 건물)에 머물다

우리는 평소 해안으로부터 그다지 멀지 않은 호텔에 머무른다.

일로, 사업차

▶ 나는 여기에 놀러온 것이 아니라 일하러 왔습니다.

(opp.) **for pleasure, on holiday, on vacation** 놀러, 휴가로

사람들 앞에서, 공공연히

▶ 그는 내가 말했던 것을 사람들 앞에서 반복했다.

(opp.) **in private** 비공식으로, 내밀히(= secretly)

자진하여 ~하다, ~하는 것을 서슴지 않다 (= be ready to *do* 0431 참고)

▶ 그녀는 (남이 좋아하지 않는) 잡무를 하는 것을 서슴지 않고 한다.

(opp.) **be unwilling to *do*, be reluctant to *do*** ~하기를 꺼려하다

건강하다 (= be healthy)

▶ 그는 작년 여름에 건강했었다.

(opp.) **be in poor [bad] health** 건강이 좋지 않다, 건강 상태가 나쁘다

그럭저럭 ~하다, 어떻게든 ~하다

▶ 나는 그럭저럭 처음 세 장(章) 읽기를 끝냈다.

0073 □ **before long**

▶ Most students will have to use personal computers **before long**.

0074 □ **of use**

▶ This guidebook might be **of use** to you on your trip.

0075 □ **come true**

▶ Lucy came to Hollywood to make her dream **come true**.

0076 □ **at last**

▶ I had been waiting for hours, and **at last** I got the star's autograph.

0077 □ **frankly speaking**

▶ **Frankly speaking**, your way of thinking is out of date.

곧, 얼마 안가서 (= soon)

▶ 얼마 안가서 대부분의 학생이 PC를 사용해야만 할 것이다.

도움이 되는 (= useful)

▶ 여행하는데 이 가이드북(안내서)이 도움이 될지도 모르겠다.

usage 'of + 추상명사' 로 형용사의 역할을 한다.

+α **of importance** 중요한 (= important), **of value** 가치가 있는
(= valuable), **of help** 도움이 되는 (= helpful)

(꿈 등이) 실현되다 (= be realized)

▶ 루시는 그녀의 꿈을 실현시키기 위해 헐리우드에 왔다.

드디어 (= finally, in the end)

▶ 몇 시간이고 기다리고 나서, 드디어 나는 그 스타의 사인을 받았다.

usage at last는 '갖가지 노력 끝에 희망한 것이 드디어' 라는 뉘앙스이므로 부
정문으로는 사용되지 않는다.

cf. **after all** 결국, 드디어 0209 참고

솔직히 말하자면 (= to be frank with you 0079 참고)

▶ 솔직히 말하자면, 너의 사고방식은 시대에 뒤떨어져.

+α **generally speaking** 일반적으로 말하자면
strictly speaking 엄밀히 말하자면

0078 ☐ **for good / for ever**

▸ I'll remember this incident **for good**.

0079 ☐ **to be frank (with you)**

▸ **To be frank with you**, I don't think he's particularly intelligent.

0080 ☐ **to be sure**

▸ She sings well, **to be sure**, but she can't act.

0081 ☐ **to begin with / to start with**

▸ We can't go. **To begin with**, it's too cold. Besides, we have no money.

0082 ☐ **to tell (you) the truth**

▸ **To tell the truth**, I don't like her very much.

0083 ☐ **be about to *do***

▸ I **was** just **about to take** a bath, when the telephone rang.

영구히, 영원히 (= permanently, forever)

▶ 나는 이 일을 영원히 잊지 않겠다.

솔직히 말하자면 (= frankly speaking 0077 참고)

▶ 솔직히 말하자면, 난 그가 특별히 머리가 좋다고는 생각하지 않는다.

확실히, 물론 (= certainly, indeed, of course, no doubt 0407 참고)

▶ 확실히 그녀는 노래는 잘하지만 연기는 못한다.
usage 예문과 같이 but으로 호응하는 경우가 많다.

우선 먼저, 첫 번째로 (= in the first place 0363 참고)

▶ 우리들은 갈 수 없다. 우선 너무 춥다. 게다가 돈이 없다.
usage 보통 문두에 와서 이유를 열거하는 경우에 사용한다.

사실을 말하자면

▶ 사실을 말하자면, 나는 그녀를 전혀 좋아하지 않는다.

막 ~하려 하고 있다 (= be on the point of *do*ing 0345 참고)

▶ 내가 막 목욕을 하려고 했을 때, 전화가 울렸다.

0084 ☐ **make progress (in A)**

▸ Asian countries are **making** remarkable **progress in** technology.

0085 ☐ **get well**

▸ I hope you will **get well** soon.

0086 ☐ **be[get] caught in a shower**

▸ Yesterday **I was caught in a shower** on my way home.

0087 ☐ **on account of A**

▸ The Saemaul was delayed for one hour **on account of** the typhoon.

0088 ☐ **learn to** *do*

▸ My father finally **learned to drive** when he was fifty.

0089 ☐ **be different from A**

▸ His opinion **is** quite **different from** ours.

(A에 있어서) 진보하다, 발전하다

▶ 아시아 국가들은 과학기술에 있어서 현저하게 발전하고 있다.
usage progress는 무관사 · 단수형으로 사용한다.

기운을 차리다

▶ 곧 기운 차리시길 바랍니다.
point get은 '~이 되다', well은 형용사로 '잘, 든든한'의 뜻.

소나기를 만나다

▶ 나는 어제 집에 오는 길에 소나기를 만났다.
+α be [get] caught in a traffic jam 교통 체증에 걸리다

A(원인 · 이유) 때문에, A 탓으로
(= because of A, owing to A 0470 참고) p.78 참고

▶ 태풍 때문에 새마을호는 1시간 지연되었다.
cf. for the sake of A A의 이익을 위해 0569 참고

(노력하여) ~할 수 있게 되다

▶ 아버지는 50세가 되던 해에 마침내 자동차 운전을 할 수 있게 되었다.
cf. come to *do* ~하게 되다 0003 참고

A와 다르다 (= differ from A 0467 참고)

▶ 그의 의견은 우리의 의견과 전혀 다르다.
cf. be indifferent to A A에 무관심하다 0457 참고

0090 ☐ **at first**

> **At first** I thought he was joking, but then I realized he was serious.

0091 ☐ **as it were**

> The old man is, **as it were**, a walking dictionary.

0092 ☐ **on *one's* way (to A) / on the way (to A)**

> **On my way to** the theater I saw a traffic accident.

0093 ☐ **in spite of A**

> **In spite of** the language difficulty, we soon became friends.

0094 ☐ **no more**

> I am full, and I can eat **no more**.

0095 ☐ **no longer**

> My ex-husband **no longer** lives in the city.

처음에는

▶ 처음에는 그가 농담하고 있다고 생각했었는데, 나중에 그가 진심이었음을 알았다.

cf. **first of all** 무엇보다 먼저, 우선 0100 참고, **in the first place** 우선 처음으로, 첫 번째로 0363 참고, **for the first time** 처음으로 0062 참고

소위, 다시 말하자면 (= so to speak)

▶ 그 노인은 소위, 걸어다니는 사전이다.

usage 'as it was' 라고는 쓰지 않는다.

(A로 가는) 도중

▶ 극장에 가는 길에 나는 교통사고를 목격했다.

usage on *one's* [the] way home (집에 가는 도중)에서 home은 부사이므로 to를 붙이지 않는다.

A에도 불구하고 (= despite A)

▶ 언어의 난관(장벽)에도 불구하고, 우리는 곧 친구가 되었다.

+α **in spite of** *oneself* 무심코, 자기도 모르게 0664 참고

더 이상 ~아니다, 이제는 ~아니다 (= not ~ any more)

▶ 난 배가 차서 더이상 먹을 수가 없다.

이제는 ~가 아니다 (= not ~ any longer)

▶ 내 전남편은 더 이상 이 도시에 살고 있지 않습니다.

usage no longer는 시간적인 의미로 사용한다.

35

0096 ☐ **as usual**

▶ **As usual**, the physics teacher was late for class.

0097 ☐ **make an effort to** *do*

▶ You should **make an effort to** stop smoking.

0098 ☐ **be well off**

▶ He **is** not as **well off** as he used to be.
usage His brother **is better off** than he used to be.

0099 ☐ **judging from A / judging by A**

▶ **Judging from** the look of the sky, it's going to rain this afternoon.

늘 하듯이, 언제나 마찬가지로

▶ 그 물리 선생은 늘 그렇듯 수업에 늦었다.

~하려고 노력하다 (= try to *do*)

▶ 너는 금연하도록 노력해야 할 것이다.
usage **make efforts to** *do* / **make every effort to** *do* 모든 노력을 하다

유복하다, 살림살이가 낫다

▶ 그는 옛날만큼 유복하지 못하다.
usage 비교급이 되면 be better off가 된다.
     그의 형은 옛날보다 살림살이가 낫다.
opp. **be badly off** 가난하다

A로부터 판단하면 (= to judge from A)

▶ 하늘을 보니, 오늘 오후에는 비가 내릴 것 같다.

0100 ☐ **first of all**

▶ **First of all**, may I have your name, please?

0101 ☐ **prefer A to B**

▶ I **prefer** French films **to** American ones.

0102 ☐ **be busy *do*ing**

▶ He **was busy getting** ready for his journey.

0103 ☐ **afford to *do***

▶ We can't **afford to buy** another car.

0104 ☐ **by nature**

▶ I am an optimist **by nature**.

0105 ☐ **keep *one's* word [promise]**

▶ You can trust him; he always **keeps his word**.

무엇보다 먼저, 우선 첫째로

▶ 우선 이름을 말씀해 주세요.

syn. in the first place 우선, 첫째로 0363 참고

B보다 A를 좋아하다 (= like A better than B)

▶ 나는 미국 영화보다 프랑스 영화 쪽이 좋다.

~ 하기에 바쁘다

▶ 그는 여행 준비를 하기에 바빴다.

syn. be busy with A A로 바쁘다

+α be on the go 늘 바쁘게 활동하다

~할 (시간적 · 금전적인) 여유가 있다

▶ 우리는 자동차를 한 대 더 살 여유가 없다.

usage 보통 cannot afford to *do*의 형태로 쓴다.

태어날 때부터 (= by birth)

▶ 나는 태어날 때부터 낙천주의자다.

약속을 지키다

▶ 그를 믿어도 좋다. 그는 늘 약속을 지키는 사람이다.

usage '약속'의 뜻으로 쓸 때 word는 항상 단수형.

opp. break *one's* word [promise] 약속을 깨다

syn. a man of *one's* word 약속을 지키는 사람 0388 참고

0106 ☐ **major in A**

▶ I'm hoping to **major in** English literature.

(syn.) The shop **specialized in** used CDs.

0107 ☐ **that is (to say)**

▶ They are leaving in three days, **that is to say**, June 10th.

0108 ☐ **kill time**

▶ I **killed time** by reading while I waited for my turn.

0109 ☐ **do *one's* best**

▶ **Do your best**. It doesn't matter whether you win or not.

0110 ☐ **catch up with A**

▶ I had to run to **catch up with** Tom.

0111 ☐ **be based on A**

▶ This story **is based on** actual events.

A를 전공하다

▶ 나는 영문학을 전공하고 싶다.

(syn.) **specialize in A** A를 전문으로 하다, 전공하다
그 가게는 중고 CD 전문점이다.

즉, 다시 말해서 (= in other words 0150 참고)

▶ 그들은 3일 후에 즉, 6월 10일에 출발할 것이다.

(cf.) **spend A** *do***ing** ~해서 A(시간)를 보내다 0122참고

시간을 때우다, 보내다

▶ 나는 차례를 기다리는 동안 책을 읽으며 시간을 때웠다.

최선을 다하다 (= try *one's* best)

▶ 최선을 다하세요. 이기느냐 지느냐가 중요한게 아닙니다.

A(사람 · 자동차 등)에 따라 붙다 (= overtake A)

▶ 나는 톰을 따라 잡기 위해 뛰어야 했다.

usage catch up with A는 overtake A와 같이 'A를 추월하다' 라는 뜻은 없지만 시험에서는 동의어로 취급될 때가 많다.

A에 근거하다

▶ 이 이야기는 실제 사건에 근거하고 있다.

0112 □ **depend on A**

1. My brother still **depends on** our parents for his living expenses.
2. "I'd like to go skiing." "It **depends on** the weather."

0113 □ **come from A**

1. It doesn't matter where he **comes from**.
2. Do you know that the word 'idea' **comes from** Greek?

0114 □ **belong to A**

1. I **belong to** the swimming club.
2. Does this backpack **belong to** him?

0115 □ **go on**

1. What's **going on**?
2. I hope this stormy weather won't **go on**.

0116 □ **get out**

1. He shouted, "**Get out**."
2. How did the secret **get out**?

¹A에 의존하다 (= rely on A, be dependent on A 0164 참고)
²A에 달려있다

1. 형은 여전히 생활비를 부모님께 의존하고 있다.
usage depend on A for B A(사람)에게 B를 의존하다
+α depend on A to *do* A(사람)가 ~하는 것에 의존하다
2. "스키 타러 가고 싶어." "날씨에 달렸지."

¹A 출신이다 (= be from A) ²A에서 유래하다 (= derive from A)

1. 그가 어디 출신인가는 중요치 않다.
2. 'idea' 라는 말은 그리스어에서 유래되었다는 것을 아십니까?
usage 1, 2 모두 반드시 현재형을 사용한다.

¹A(단체)에 소속되어 있다 ²A의 것이다

1. 나는 수영부 소속이다.
2. 이 배낭은 그의 것입니까?
usage belong to A는 상태를 나타내므로 진행형으로 쓰지 않는다.

¹일어나다 (= occur, happen, take place 0036 참고)
²계속하다 (= continue)

1. 무슨 일이지?
2. 이 태풍이 계속되지 않기를 바래.

¹나가다, 나오다 ²(비밀 등이) 새다 (= leak)

1. 그는 "나가"라고 외쳤다.
2. 어떻게 그 비밀이 새어 나갔을까?
point '밖으로 나가다' 는 뜻에서 '새다' 라는 뜻이 되었다.

0117 □ **give up A / give A up**

1. I wish I could **give up** smoking.
2. Due to circumstances, I **gave up** the idea of going to university.

(+α) You must **give** him **up for dead**.

0118 □ **in time (for A)**

▶ Will we be **in time for** the train?

(syn) Our teacher is always **on time** for class.

(cf.) Fred and Jim didn't like each other at first, but they became friends **in time**.

0119 □ **at once**

1. The outraged employee resigned **at once**.
2. All the students began talking **at once**.

0120 □ **by way of A**

1. He returned home **by way of** Europe.
2. My uncle told me the story **by way of** a joke.

¹A(악습)를 그만두다 (= stop A)   ²A(생각 · 희망)를 포기하다

1. 나는 내가 담배를 끊을 수 있으면 좋겠다.

usage A에 동명사를 사용할 수 있지만, to부정사는 쓸 수 없다.

2. 사정이 있어 나는 대학 진학을 포기했다.

+α **give up A for lost [dead]** A를 없어진 것으로 포기하다
　　 넌 그를 죽은 것으로 포기해야 한다.

(A에) 제시간에, 늦지 않고

▶ 기차 시간에 늦지 않을까?

opp. **be late for A** A에 늦다, 지각하다

syn. **on time** 정각에
　　 우리 선생님은 언제나 정각에 수업하러 오신다.

cf. **in time** 이윽고, 조만간
　　 프레드와 짐은 처음에는 서로 좋아하지 않았지만, 이윽고 그들은 친구가
　　 되었다.

¹곧, 즉시 (= immediately, right away, on the spot)
²동시에 (= at the same time)

1. 화가 잔뜩 난 사원은 바로 (회사를) 그만두었다.

2. 학생들이 모두 동시에 이야기를 시작했다.

¹A를 경유하여 ²A할 작정으로 (생각으로)

1. 그는 유럽을 경유해 귀국했다.

2. 나의 삼촌은 농담할 생각으로 그 이야기를 나에게 했다.

0121 □ spend A on B

▶ He **spends** at least $30 a day **on** food.
(syn.) Don't **waste** your money **on** clothes.

0122 □ spend A *doing*

▶ I've **spent** the entire morning **cleaning** my room.
(cf.) She **passed** the time **picking** flowers.

0123 □ stand for A

1. P.S. **stands for** "postscript."
2. He **stands for** democracy.

0124 □ stand by A

▶ He **stood by** me whenever I was in trouble.
(cf.) We cannot **stand by** and watch when our allies are attacked.

0125 □ put up with A

1. I couldn't **put up with** his rudeness.
2. I'm **putting up with** him tomorrow.
(cf.) I'm **putting up at** his house tomorrow.

A(돈 · 시간)를 B에 쓰다, 지출하다

▶ 그는 적어도 하루 30달러를 식비로 지출한다.

syn. **waste A on B** A(돈 · 시간)를 B에 낭비하다
옷에 돈을 낭비해서는 안된다.

~하는데 A(시간)를 지출하다, ~하여 A(시간)를 보내다

▶ 나는 내 방을 청소하는데 오전 시간을 모두 보냈다.

cf. pass A *doing* (~하면서 A(시간)를 보내다)은 할 일 없이 시간을 때우는
경우에 사용한다.
그녀는 꽃을 따면서 시간을 보냈다.

¹A를 나타내다, 상징하다 (= represent A) ²A를 지지하다 (= support A)

1. P.S.는 postscript (추신)를 나타낸다.
2. 그는 민주주의를 지지한다.

+α **stand for A** A에 입후보하다 (= run for A)

A(사람)를 지지하다 (= support A), A(사람)의 힘이 되다 (= help A)

▶ 그는 내가 곤란할 때 언제나 내 힘이 되어 주었다.

cf. **stand by** 방관하다, 대기하다
동맹군이 공격 받고 있는데 우리가 방관할 수는 없다.

¹A를 참다 (= bear A, stand A)
²A(사람)의 집에 머물다 (A와 같이 머물다) (= stay with A 0067 참고)

1. 나는 그의 무례한 태도를 참을 수 없었다.
2. 내일 나는 그의 집에 머물 생각이다. (그와 같이 머물 생각이다.)

cf. **put up at A** A(집 · 장소)에 머물다 (= stay at A 0067 참고)

0126 ☐ **cannot help *do*ing**

> ▶ I **can't help thinking** that it was a mistake to let him go alone.
>
> (usage) I **couldn't help but fall** in love with you.

0127 ☐ **all the way**

1. The middle-aged women kept talking loudly **all the way**.
2. He came to see me **all the way** from Pakistan.

0128 ☐ **believe in A**

1. Nowadays nobody **believes in** ghosts.
2. I **believe in** friendship.

0129 ☐ **carry out A / carry A out**

1. Various tests were **carried out** to discover the nature of the new disease.
2. Larry decided to **carry out** the plan alone.

0130 ☐ **be superior to A**

> ▶ This wine **is superior to** that in flavor.

~하지 않을 수 없다 (= cannot but *do*)

▶ 그를 혼자서 가도록 놔둔 것은 잘못되었다고 생각하지 않을 수 없다.

usage cannot help but *do*의 형태도 있다.

당신을 사랑하지 않을 수 없었다.

point help는 '피하다'의 뜻.

¹도중 계속, 내내 ²멀리서

1. 그 중년 여성들은 내내 큰 소리로 이야기를 계속했다.
2. 그는 멀리 파키스탄으로부터 나를 만나러 왔다.

¹A의 존재를 믿다, A(종교)를 믿다 ²A의 올바름 · 가치를 믿다

1. 요즘 누구도 유령의 존재를 믿지 않는다.
2. 나는 우정이 가치 있는 것이라 생각한다.

¹A(실험 등)를 행하다 (= perform A)
²A(계획 · 약속 등)를 실행하다, 집행하다 (= execute A)

1. 새로운 병의 성질을 명확하게 밝히기 위하여 갖가지 검사를 행했다.
2. 래리는 그 계획을 혼자서 실행에 옮기기로 결심했다.

A보다 우수하다, 우월하다

▶ 이 와인은 저 와인보다 향이 좋다.

opp be inferior to A A보다 열등한, 못한

49

0131 ☐ **in (the) future**

1. **In future**, you have to get here on time.
2. No one knows what will happen **in the future**.

0132 ☐ **not only A but also B**

▸ He's got **not only** a motorbike **but also** a car.
usage He's got a car **as well as** a motorbike.

0133 ☐ **be tired of A**

▸ Judy **was tired of** quarreling with her husband.
cf. John **was tired from** working overtime.

¹앞으로는 (= from now on) ²장래

1. 앞으로는 정각에 오지 않으면 안된다.
2. 장래 무엇이 일어날 것인가는 아무도 모른다.
(syn.) **in the near future** 가까운 장래에, 머지않아

A뿐 아니라 B도 (= B as well as A)

▶ 그는 오토바이 뿐 아니라 자동차도 가지고 있다.
(usage) as well as를 사용해 바꿔 쓸 때에는 A와 B의 위치에 주의.

A에 지치다 (= be sick of A 0276 참고)

▶ 주디는 남편과 싸우는 데 지쳤다.
(cf.) **be tired from A** A로 피곤하다
  존은 잔업으로 피곤했다.

0134 ☐ **according to A**

1. **According to** Dr. Santos, the cause of her death was drowning.
2. The salary is fixed **according to** age and experience.

0135 ☐ **be worth *do*ing**

▶ New York **is worth visiting**.
usage **It is worth while to visit** New York.
= **It is worth while visiting** New York.

0136 ☐ **so far**

▶ **So far**, we have finished about half of the work.
+α "How's everything?" "**So far so good**."

0137 ☐ **cry (out) for A**

▶ Some Palestinians **cried out for** revenge on Israel.

0138 ☐ **be likely to *do***

▶ The student **is likely to do** well on this coming mid-term exam.
usage **It is likely that** the student will do well on this coming mid-term exam.

¹A(가 말하는 바)에 의하면 ²A에 따라서, A에 응하여

1. 산토스 의사에 의하면, 그녀의 사인은 익사였다.

usage A에는 제3자적인 것이 오므로, me나 my opinion은 올 수 없다.

2. 급여는 연령과 경력에 따라 정해진다.

~ 할 가치가 있다

▶ 뉴욕은 가 볼 가치가 있다.

usage 형식주어인 it을 사용하여 It is worth while to *do*. / It is worth while *do*ing.이라고 말할 수 있다.

지금까지, 지금까지는 (= till now, up to now)

▶ 지금까지 우리는 일의 거의 반을 끝냈다.

+α **So far so good**. 지금까지는 순조롭다.

"어떻게 지내?" "지금까지는 순조로워[좋아]."

A를 위해 큰 소리를 내다

▶ 팔레스타인 사람들은 이스라엘의 복수를 외쳤다.

point for는 '~을 구하여' 라는 의미.

~ 할 것 같다, ~ 할 가능성이 있다

▶ 저 학생은 이번 중간고사에서 좋은 성적을 올릴 것 같다.

usage It is likely that은 절로 바꿔 쓸 수 있다.

0139 ☐ put on A / put A on

▶ She **put on** her sister's jeans and looked in the mirror.

0140 ☐ put off A / put A off

▶ We have to **put off** making a final decision until next week.

0141 ☐ call up A / call A up

1. When are you going to **call up** the doctor's office?
2. The song **called up** my childhood.

0142 ☐ call on A

▶ Do you mind if I **call on** you tomorrow?

0143 ☐ sit up

1. They **sat up** late talking.
2. The loud noise woke her up and made her **sit up** in bed.

A(옷·구두 등)를 입다, 몸에 착용하다

▶ 그녀는 언니의 청바지를 입고 거울을 보았다.

usage put on A는 'A를 몸에 착용하다' 라는 동작, wear A / have A on은 'A를 몸에 착용하고 있다' 라는 상태를 나타낸다.

opp. **take off A / take A off A** A(옷·구두 등)를 벗다 0024 참고

A를 연기하다 (= postpone A)

▶ 우리들은 최종 결정을 다음 주까지 연기해야만 한다.

usage A에 동명사를 사용할 수 있지만 to부정사는 쓸 수 없다.

cf. **call off A / call A off** A를 중지하다 0185 참고

¹A에 전화하다 (= ring up A / ring A up, telephone A)
²A를 생각나게 하다

1. 언제 의사에게 전화할 거예요?
2. 그 노래를 듣고 나는 어린 시절이 생각났다.

A(사람)를 방문하다 (= visit A)

▶ 내일 찾아가 뵈어도 괜찮을까요?

cf. **call at A** A(집·장소)에 들르다

¹(자지 않고) 일어나 있다 (= stay up) ²일어나 앉다, 단정히 앉다

1. 그들은 이야기하면서 늦게까지 깨어 있었다.

usage stay up은 밖에서 활동하며 일어나 있는 상태에서도 사용한다.

2. 큰 소리에 그녀는 눈을 뜨고 침대 위에 일어나 앉았다.

0144 ☐ **insist on A**

1. He **insisted on** my paying the bill.
2. She **insisted on** her innocence.

0145 ☐ **by the way**

▶ "Lovely sunset." "Yes, it is. **By the way**, what happened to the money I lent you?"

0146 ☐ **for example / for instance**

▶ Some countries, **for example**, Mexico and Japan, are threatened by earthquakes.

0147 ☐ **either A or B**

▶ **Either** Tom **or** John will win the tournament.
(cf.) **Neither** Stella **nor** Jane was at the meeting.

0148 ☐ **make no difference**

▶ It **makes no difference** whether you go today or tomorrow.
(=) It **doesn't matter** whether you go today or tomorrow.

¹A를 요구하다 ²A(사실 등)를 주장하다

1. 그는 나에게 계산하라고 요구했다.
usage A는 *do*ing이 될 때가 많다.
2. 그녀는 자기의 결백을 주장했다.

그런데, 말이 난 김에 (= incidentally)

▶ "아름다운 석양이네." "그렇네. 참 그런데, 내가 빌려준 돈은 어떻게 되었어?"
usage 화제를 바꿀 때 사용한다.

예를 들면

▶ 어떤 나라들은, 예를 들면, 멕시코와 일본 같은 나라들은 지진의 위협을 받는다.

A나 B 중 누군가가

▶ 톰이나 존 중 누군가가 우승할 것이다.
cf. **neither A nor B** A도 B도 ~아니다, 없다
스텔라도 제인도 회의에 없었다.

중요하지 않다, 차이가 없다, 문제가 아니다 (= do not matter)

▶ 오늘 가나 내일 가나 중요하지 않다[별 다를 바 없다].

0149 □ **instead of A**

▶ Let's play cards **instead of** watching television.
usage Let's play cards **instead**.

0150 □ **in other words**

▶ The boss said, "You don't have to come here tomorrow."
In other words, I was fired.

0151 □ **help *oneself* to A**

▶ Please **help yourself to** the fruit.
usage "May I use your telephone?" "**Help yourself**."

0152 □ **take *one's* time**

▶ **Take your time**. You don't have to hurry.
usage I **took my time looking** around and took some pictures.

0153 □ **know better than to *do***

▶ He **knows better than to spend** all his money on horse racing.
usage You should **know better** because you're a high school student now.

A 대신에 (= in place of A 0354 참고), A를 하지 않고

▶ 텔레비전을 보는 대신 카드놀이를 하자.

usage 부사의 instead (그 대신에)만 사용할 때도 있다.

그 대신 카드놀이 하자.

바꿔 말하면, 즉 (= that is to say 0107 참고)

▶ 상사는 "내일 오지 않아도 됩니다."라고 말했다.
다시 말하자면, 나는 회사에서 해고된 것이다.

A를 취하여 먹다, 마시다

▶ 과일을 마음껏 드세요.

usage to A를 생략할 수도 있다. 또한 음식물에만 한정되지 않는다.

"전화 좀 써도 될까요?" "맘 놓고 쓰세요."

천천히 시간이 걸려서 하다

▶ 천천히 해. 서두를 필요 없어.

usage take *one's* time to *do*나 take *one's* time (in) *do*ing의 형태로도 사용한다.

~할 만큼 바보가 아니다, 어리석지 않다
(= be not so foolish as to *do*, be wise enough not to *do*)

▶ 그는 경마에 있는 돈 전부를 쏟아넣을 만큼 어리석지 않다.

usage know better (더욱 분별(력)이 있다)만 사용할 수도 있다.

넌 이제 고등학생이니까 더욱 분별력이 있어야 해.

0154 ☐ **be used to *do*ing / be accustomed to *do*ing**

▶ I don't mind getting up at six; I'**m used to getting** up early.
[usage] I'm not **used to** spicy food.

0155 ☐ **feel like *do*ing**

▶ I don't **feel like doing** my math homework now.
[syn.] I **feel like** another beer.

0156 ☐ **be at a loss**

▶ I **was at a loss** what to say.
[=] I **was at a loss for** words.

0157 ☐ **succeed in A**

▶ It is everyone's wish to **succeed in** life.
[usage] We **succeeded in** making contact with the kidnappers.
[cf.] Who will **succeed to** the throne?

0158 ☐ **in general**

▶ **In general**, young people today are not interested in politics.

~ 하는 데 익숙하다

▶ 나는 6시에 일어나는 것에 신경 쓰지 않아요. 일찍 일어나는 데 익숙하거든요.
usage *do*ing 대신 명사가 오는 수도 있다.

난 매운 음식을 먹는 데 습관이 되어 있지 않습니다.
cf. **get used [accustomed] to** *do*ing ~하는 것이 습관이다

~ 하고 싶은 마음이다 (= want to *do*)

▶ 오늘은 수학 숙제를 할 마음(기분)이 없다.
syn. **feel like A** A(음식물)를 원하다
맥주 한 병 더 하고 싶다.

난처하다, 어찌할 바를 모르다

▶ 나는 무엇을 말해야 좋을지 난처했다.
usage 보통 뒤에 '의문사 + to부정사' 또는 for A가 이어진다.

A에 성공하다

▶ 인생에 있어서 성공은 모든 사람들이 원하는 바다.
usage A에는 동명사가 오는 경우가 많다.
우리는 유괴범과 연락을 취하는 데 성공했다.
cf. **succeed to A** A(재산·지위·칭호)를 계승하다 (= inherit A)
누가 왕위를 계승할 것입니까?

일반적으로 (= generally, usually)

▶ 일반적으로, 오늘날 젊은 사람들은 정치에 관심이 없다.
opp. **in particular** 특히, 각별히 0213 참고

0159 ☐ **such A as B**

▶ I like **such** sports **as** soccer and rugby.

(usage) I like sports **such as** soccer and rugby.

0160 ☐ **There is no *do*ing**

▶ **There is no knowing** what he will do next.

(usage) **It is impossible to know** what he will do next.

0161 ☐ **thanks to A**

▶ **Thanks to** the good weather, the outdoor concert was a great success.

(usage) **Thanks to** your stupidity, we lost the game.

0162 ☐ **It goes without saying that** 절

▶ **It goes without saying that** Dr. Hawking is an excellent scientist.

(usage) **Needless to say**, Dr. Hawking is an excellent scientist.

0163 ☐ **rob A of B**

▶ They **robbed** Jim **of** everything he had.

(usage) The burglars **robbed** the bank **of** $200,000.

(예를 들면) B와 같은 A

▶ 나는 축구나 럭비 같은 스포츠를 좋아한다.

usage A such as B의 형태도 있다.

~하는 것은 할 수 없다

▶ 그가 다음에 무엇을 할 건지 알 수 없다.

usage It is impossible to *do*로 바꿔 쓸 수 있다.

A의 덕분으로

▶ 좋은 날씨 덕분에 그 야외 콘서트는 대성공이었다.

usage 빈정되는 나쁜 표현에도 많이 사용된다.

네가 바보짓을 한 덕분에 우리가 시합에서 졌어.

syn. **on account of A, because of A** A(원인 · 이유) 때문에 0087 참고

~은 말할 나위가 없다

▶ 호킹 박사가 훌륭한 과학자라는 것은 말할 나위가 없다.

usage needless to say (말할 필요도 없이)로 바꿔 쓸 수도 있다.

A(사람)로부터 B(금품 등)를 빼앗다

▶ 그들은 짐에게서 그가 소지한 모든 것을 빼앗았다.

usage A에는 '은행' 같은 것도 올 수 있다.

강도는 은행에서 20만 달러를 훔쳤다.

0164 □ **be dependent on A**

▶ She **is** still **dependent on** her parents.

opp. She **is** economically **independent of** her parents.

0165 □ **face to face**

▶ I would like to talk to him **face to face**.

+α He **came face to face with** poverty for the first time.

0166 □ **complain about[of] A**

▶ Young people tend to **complain about** everything.

usage The student **complained to** Mr. Smith **about** his lesson.

0167 □ **introduce A to B**

▶ She **introduced** me **to** her friends at the party.

+α Potatoes were **introduced to** Europe from South America.

A에 의존하다 (= depend on A 0112 참고)

▶ 그녀는 아직 부모님께 의존하고 있다.

(opp.) be independent of A A에 의존하고 있지 않다, A로부터 독립하다
그녀는 경제적으로 부모님으로부터 자립해 있다.

서로 얼굴 맞대고

▶ 나는 그와 서로 맞대고 이야기하고 싶다.

(+α) come face to face with A A에 직면하다
그는 처음으로 빈곤에 직면했다.

A에 대해 불평하다, 불만 사항을 말하다

▶ 젊은이들은 무엇에 관해서도 불평하는 경향이 있다.

(usage) complain to A about B A(사람)에게 B에 대하여 불평하다
그 학생은 스미스 선생님에게 수업에 대해 불만 사항을 말했다.

A(사람)를 B(사람)에게 소개하다

▶ 그녀는 파티에서 나를 그녀의 친구들에게 소개했다.

(+α) introduce A into[to] B A를 B에게 소개하다, 도입하다
감자는 남미로부터 유럽에 소개되었다[들어왔다].

0168 ☐ **make use of A**

▸ You should **make** good **use of** your time.

0169 ☐ **at least**

▸ The camera will cost **at least** $500.

0170 ☐ **do A good / do good to A**

▸ Natural food will **do** you **good**.

0171 ☐ **with ease**

▸ I found his house **with ease**.
(+α) He chose every word **with care**.

0172 ☐ **run out of A**

▸ We **ran out of** gas in the middle of the intersection.
(cf.) The soldiers' food supply is **running out**.

A를 이용하다 (= take advantage of A 0400 참고, put A to use)

▶ 자기의 시간을 잘 이용해야 한다.

usage use 앞에 형용사가 위치하는 경우가 많다.

적어도 (= not less than 0386 참고)

▶ 그 카메라는 적어도 500 달러는 할 것이다.

usage $500 at least의 어순으로도 쓸 수 있다.

opp. at most 많아야, 기껏해야 (= not more than 0386 참고)

A에게 이익을 주다

▶ 자연식품은 몸에 좋다.

+α 1. do more harm than good 유해무익하다
　　　 2. do damage to A A에게 손해를 끼치다

opp. do A harm A에 해를 끼치다

point good은 명사로 '이익 · 효용' / do는 '주다' 의 의미.

용이하게, 쉽게 (= easily, without difficulty)

▶ 나는 그의 집을 쉽게 찾았다.

opp. with difficulty 고심하여, 간신히

+α with care 주의하여, 주의 깊게 (= carefully)
　　　 그는 말 한마디 한마디를 주의 깊게 선택했다.

(사람이) A를 써서 없애다, 떨어지다

▶ 교차로 한가운데에서 휘발유가 떨어졌다.

cf. run out (물건이) 떨어지다, 소진되다
　　　 병사들의 식량이 바닥나고 있다.

syn. run short of A A가 부족하다

0173 ☐ **make sense**

▶ What he is saying doesn't **make sense**.

(+α) Can you **make sense of** this poem?

0174 ☐ **remind A of B**

▶ This park **reminds** me **of** my childhood.

(+α) Please **remind** me **to call** John at nine.

0175 ☐ **leave for A**

▶ You're going to **leave for** London next Sunday, aren't you?

(cf.) She **left** Seoul **for** New York yesterday.

0176 ☐ **in a hurry**

▶ I told my wife to get ready **in a hurry**.

(+α) She **was in a hurry to go** home.

0177 ☐ **Something is wrong with A**

▶ **Something is wrong with** this calculator.

(+α) We don't know **what's wrong with** this telephone.

뜻을 이루다, 맥이 통하다

▶ 그가 말하고 있는 것은 맥이 통하지 않는다.

[+α] **make sense of A** A를 이해하다 (= understand A)
　　이 시를 이해할 수 있니?

A(사람)에게 B를 생각나게 하다

▶ 이 공원은 내 어린 시절을 생각나게 한다.

[+α] **remind A to** *do* A에게 ~할 것을 생각나게 하다
　　나에게 9시에 존한테 전화하라고 알려줘.

A로 향하다 (= start for A)

▶ 다음주 일요일에 런던으로 출발하지, 그렇지?

[cf.] **leave A for B** A를 출발하여 B로 향하다
　　그녀는 어제 서울을 떠나 뉴욕으로 향했다.

서둘러서 (= in haste)

▶ 나는 아내에게 서둘러 떠날 차비를 하라고 말했다.

[+α] **be in a hurry to** *do* 서둘러 ~하려고 하다
　　그녀는 서둘러 집으로 돌아가려고 했다.

A가 뭔가 잘못되다, (몸) 상태가 나쁘다
(= There is something wrong with A)

▶ 이 계산기는 뭔가 잘못되었다.

usage wrong 대신 the matter를 사용할 수도 있다.

[+α] **What's wrong with A?** A에 무슨 일이 있어?
　　이 전화는 어디에 고장이 났는지 알 수 없다.

0178 ☐ speak ill of A

▶ He is always **speaking ill of** his wife.

0179 ☐ at the sight of A

▶ **At the sight of** cooked snails, Jane turned pale.
(+α) The children got excited **at the thought of** going to Disneyland.

0180 ☐ ask A for B

▶ Don't **ask** me **for** money. I'm broke.
(cf.) Don't hesitate to **ask for** advice.

0181 ☐ if possible

▶ "When do you want to go?" "This weekend, **if possible**."
(+α) Call me any time, **if necessary**.

0182 ☐ The trouble is that 절

▶ **The trouble is that** your plan would be too expensive to carry out.

A를 나쁘게 말하다, 악담하다

▶ 그는 늘 그의 아내를 악담한다.
(opp.) **speak well of A** A를 좋게 말하다, 칭찬하다

A를 보고

▶ 요리된 달팽이를 보고 제인은 파랗게 질렸다.
(+α) **at the thought of A** A를 생각하고
어린이들은 디즈니랜드에 간다는 생각에 흥분했다.

A(사람)에게 B(물건)를 구하다, 달라고 부탁하다

▶ 나에게 돈 달라고 하지마. 난 무일푼이야.
(cf.) **ask for A** A(물건)를 구하다
지체하지 마시고 조언을 구하세요.

될 수 있으면, 가능하면

▶ "언제 가시겠습니까?" "될 수 있으면 이번 주말에요."
(point) if it is possible의 it is가 생략되었다고 생각하면 된다.
(+α) **if necessary** 필요하다면
필요하다면 언제든지 전화하세요.

곤란한 것은 ~이다, 문제는 ~이다

▶ 문제는 네 계획은 실행하기에는 너무 돈이 많이 든다는 거야.
(usage) The trouble is (,)와 같이 that을 생략할 수 있다.
(+α) **The fact is that절** 실은 ~이다
The point is that절 요컨대 ~이다

0183 ☐ **in the long run**

▶ Honesty pays **in the long run**.

0184 ☐ **learn A by heart**

▶ We have to **learn** the whole poem **by heart**.
(syn.) Do you **know** this song **by heart**?

0185 ☐ **call off A / call A off**

▶ We had to **call off** the baseball game because of the rain.

0186 ☐ **make** *oneself* **understood**

▶ I couldn't **make myself understood** in English.
(+α) I couldn't **make myself heard** in the noisy classroom.

0187 ☐ **make** *oneself* **at home**

▶ **Make yourself at home**. I'll be back in half an hour.

0188 ☐ **apologize to A for B**

▶ She **apologized to** me **for** stepping on my foot.

긴 안목으로 보면, 결국은

▶ 결국은 정직에는 보답이 있다.

point run은 '기간'의 뜻으로 '긴 기간 뒤에'가 원래의 의미.

A를 암기하다 (= memorize A)

▶ 우리들은 그 시를 전부 암기하지 않으면 안된다.

syn. know A by heart (A를 암기하다)는 상태를 나타낸다.
너 이 노래 외우고 있어?

A(행사)를 중지하다, A(약속)를 취소하다 (= cancel A)

▶ 비 때문에 야구시합을 중지해야만 했다.

자기의 생각을 사람에게 이해하게 하다, 이야기가 통하다

▶ 내 영어는 통하지 않았다.

+α make *oneself* **heard** 목소리가 상대방에게 들리게 하다
시끄러운 교실에서 내 목소리를 들리게 할 수 없었다.

마음 편히 있다, 편하게 있다 (= make *oneself* comfortable)

▶ 편히 계세요. 30분 내에 돌아올게요.

point at home은 '집에 있어, 집에서'란 의미이므로, '마음 편하게'란 의미가
된다.

A(사람)에게 B의 일로 사과하다

▶ 그녀는 내 발을 밟은 것을 사과했다.

usage to A를 생략하는 경우도 있다.

0189 ☐ **fall in love with A**

> ▸ Ken and Mary **fell in love with** each other at the party.

0190 ☐ **for a while**

> ▸ Let's take a rest **for a while**.
> (cf.) I'll come back **in a little while**.

0191 ☐ **by** *oneself*

> ▸ My grandmother lives **by herself**.
> (cf.) If you don't believe me, go and see **for yourself**.

0192 ☐ **without fail**

> ▸ Bring me that book next time **without fail**.

0193 ☐ **turn up A / turn A up**

> ▸ **Turn** the radio **up** a little. I can hardly hear it.

0194 ☐ **turn up / show up**

> ▸ I waited for hours, but she didn't **show up**.

A와 사랑에 빠지다

▶ 켄과 메리는 파티에서 사랑에 빠졌다.
[cf.] **fall in with A** A와 우연히 만나다

잠시 동안 (= for some time)

▶ 잠시 동안 휴식을 취합시다.
usage for a little while의 형태도 있다.
[cf.] **in a (little) while** 얼마 안가서, 곧 (= soon)
곧 돌아오겠습니다.

혼자서 (= alone), 혼자 힘으로

▶ 우리 할머님은 혼자서 사신다.
usage '혼자서, 홀로' 라는 의미로도 사용된다.
[cf.] **for** *oneself* 혼자 힘으로, 자신을 위하여
내 말을 믿지 못하겠으면 혼자 가서 보렴.

반드시, 틀림없이

▶ 다음에는 그 책을 꼭 가져 오세요.
usage 보통 명령문으로 사용한다.

A(의 음량 등)를 크게 하다

▶ 라디오의 음량을 좀 크게 트세요. 난 거의 들리지 않아요.
[opp.] **turn down A** A(의 음량 등)를 작게 하다 0437 참고

나타나다, 출현하다 (= appear, come)

▶ 나는 몇 시간이나 기다렸으나, 그녀는 나타나지 않았다.

75

0195 ☐ **be famous for A / be noted for A**

▸ Kyoto **is famous for** its shrines and temples.
(cf.) Kyoto **is famous as** an old city.

0196 ☐ **be made of A**

▸ This table **is made of** good oak.
(cf.) Paper **is made from** wood.

0197 ☐ **find out A / find A out**

▸ The police **found out** where the criminal lived.
(cf.) The police **found** the stolen diamond.

0198 ☐ **die of A**

▸ That man **died of** lung cancer a week ago.
(cf.) The policeman **died from** gunshot wounds.

0199 ☐ **wait on A**

▸ The salesgirl said to me, " Have you been **waited on**?"

0200 ☐ **get away (from A)**

▸ She wanted to **get away from** everyday life.

A로 유명하다

▶ 교토는 신사나 절로 유명하다.

[cf.] **be famous as A** A로서 유명하다
교토는 고도로서 유명하다.

[opp.] **be infamous[notorious] for A** A로 악명이 높다

A(재료)로부터 만들어지다

▶ 이 탁자는 우수한 오크재로 만들어진다.

[cf.] **be made from A** A(원료)로부터 만들어지다
종이는 나무로부터 만들어진다.

A를 알다, A를 발견하다 (= discover A)

▶ 경찰은 범인이 어디에 살고 있었는가를 알아냈다.

[cf.] find A는 구체적인 물건을 발견할 때 사용한다.
경찰은 도난 당한 다이아몬드를 발견했다.

A(병 · 굶음 등)로 죽다

▶ 그 남자는 1주일 전에 폐암으로 사망했다.

[cf.] **die from A** A(상처 · 과로 등)의 원인으로 죽다
그 경관은 총상으로 사망했다.

A(사람)의 시중을 들다, A(손님)를 응대하다

▶ "누가 도와드리고 있나요?"라고 여자 점원이 나에게 물었다.

[cf.] **wait for A** A를 기다리다

(A로부터) 도망가다, 도피하다 (= escape from A)

▶ 그녀는 일상으로부터 도피하고 싶었다.

동의 숙어정리

❶
결코~아니다, 전혀 ~없다, 조금도~없다

☐☐ **anything but A** (0428)

☐☐ **be far from (being) A** (0512)

☐☐ **by no means** (0255)

☐☐ **in no way** (0255)

☐☐ **not at all** (0255)

☐☐ **not a bit** (0351)

☐☐ **not in the least** (0351)

☐☐ **not in the slightest** (0351)

❷
종종, 때때로

☐☐ **at intervals** (0278)

☐☐ **at times** (0278)

☐☐ **(every) now and again** (0212)

☐☐ **(every) now and then** (0212)

☐☐ **from time to time** (0278)

☐☐ **on occasion** (0278)

☐☐ **once in a while** (0212)

❸
A를 B로 간주하다

☐☐ **look on A as B** (0015)

☐☐ **regard A as B** (0015)

☐☐ **see A as B** (0756)

☐☐ **take A as B** (0756)

☐☐ **think of A as B** (0015)

☐☐ **view A as B** (0756)

❹
A(원인 · 이유) 때문에, A의 탓으로

☐☐ **because of A** (0087)

☐☐ **due to A** (0470)

☐☐ **on account of A** (0087)

☐☐ **owing to A** (0470)

Step

Dash

Idiom 400

0201 ☐ keep up A / keep A up

▶ Even good friends should make an effort to **keep up** their friendship.

(cf.) Will the fine weather **keep up** till tomorrow?

0202 ☐ keep up with A

▶ I can't **keep up with** these changes in fashion.

0203 ☐ hear from A

▶ I haven't **heard from** my son, who is overseas.

(cf.) Have you ever **heard of** a land called Lilliput?

0204 ☐ day after day

▶ In June, it rains **day after day**.

(cf.) **Day by day** it is getting warmer and warmer.

0205 ☐ take A for B

▶ He **took** me **for** my twin brother.

A를 유지하다 (= maintain A)

▶ 친한 친구라 할지라도 그 우정을 유지하려면 노력이 필요하다.

cf. **keep up** (날씨가) 계속하다, 유지[지속]되다 (= hold, last)
좋은 날씨가 내일까지 지속될까요?

A에 뒤지지 않고 따라가다
(= keep abreast of[with] A, keep pace with A)

▶ 나는 이런 유행의 변화는 따라가지 못한다.

cf. **catch up with A** A를 따라잡다 0110 참고

A로부터 소식 · 연락이 있다

▶ 외국에 있는 내 아들로부터 소식이 없다.

cf. **hear of A** A의 일을 듣다, 소문으로 듣다
릴리풋이라는 나라에 대해 들어본 적이 있습니까?

날이면 날마다, 매일같이 (= day in and day out)

▶ 6월은 매일같이 비가 온다.

cf. day after day는 매일 같은 일이 반복되는 경우, day by day는
하루하루 변화하는 경우에 쓰인다.
하루하루 매일같이 점점 더워지고 있다.

A를 B로 오해하다, 착각하다 (= mistake A for B)

▶ 그는 나를 내 쌍둥이 형으로 착각했다.

0206 ☐ **admire A for B**

▹ Americans, **admire** Lincoln **for** his honesty.

0207 ☐ **expose A to B**

▹ Don't **expose** your skin **to** the sun for too long.

0208 ☐ **take notice of A**

▹ She **took** no **notice of** what her father said.
⊜ She didn't **take** any **notice of** what her father said.

0209 ☐ **after all**

▹ His explanation proved to be right **after all**.

0210 ☐ **show A around / show A round**

▹ She had never seen New York before, so I offered to **show** her **around**.

0211 ☐ **do away with A**

▹ We should **do away with** the death penalty.

A(사람)를 B라는 이유로 칭찬하다 (= praise A for B)

▶ 미국 사람들은 링컨을 성실하다는 이유로 칭찬한다.
point for는 '이유'를 나타낸다.

A를 B에 드러내다, 노출시키다

▶ 너무 오랫동안 피부를 태양에 노출시키지 마시오.

A에게 주의를 기울이다, 주목하다 (= pay attention to A)

▶ 그녀는 아버지의 말씀에 전혀 주의를 기울이지 않았다.
usage 부정문으로 쓸 때가 많다.

결국, 마침내

▶ 결국 그의 설명이 옳다는 것이 판명되었다.
usage after all은 '여러 가지 일이 있었으나, 예정·예상과 반대로 결국은'의
뜻이므로 부정문으로도 사용된다.
[cf.] **at last** 마침내 0076 참고

A(사람)를 안내하여 돌아다니다

▶ 그녀는 지금까지 뉴욕을 구경한 적이 없었기 때문에, 나는 그녀에게 안내를
제안했다.
[syn.] **show A around B** A(사람)에게 B(장소)의 안내를 하다

A(규칙 등)를 폐지하다 (= abolish A)
A를 제거하다, 폐지하다 (= get rid of A)

▶ 우리는 사형을 폐지해야 한다.

0212 ☐ **(every) now and then / (every) now and again**

▶ I fall asleep in the class **every now and then**.

0213 ☐ **in particular**

▶ I have nothing **in particular** to do tomorrow.

0214 ☐ **on condition that** 절

▶ You can go out **on condition that** you come home by seven.

0215 ☐ **pay a visit to A**

▶ The prime minister **paid a** formal **visit to** the White House.

0216 ☐ **be lacking in A**

▶ He **is lacking in** courage.

0217 ☐ **be taken ill / be taken sick**

▶ She **was taken ill** on holiday and had to find a doctor.

때때로, 종종 (= occasionally, once in a while) p.78 참고

▶ 나는 종종 수업 중에 잠들곤 한다.

특히, 각별히 (= especially, particularly)

▶ 내일은 특별히 아무것도 할 일이 없다.

usage nothing, nobody, nowhere 같은 부정어도 같이 쓰인다.

~라는 조건으로

▶ 7시까지 돌아온다는 조건으로 외출해도 좋다.

point condition은 '조건', on은 '~에 근거하여' 라는 뜻.

A를 방문하다 (= visit A)

▶ 수상은 백악관을 공식 방문했다.

usage pay A a visit의 형태도 있다.

A(필요한 것)가 결여되다 (= be wanting in A)

▶ 그에게는 용기가 결여되어 있다.

(돌연) 병에 걸리다 (= fall ill, fall sick)

▶ 그녀는 휴일에 돌연 병에 걸려 의사를 찾아야만 했다.

0218 ☐ **take A for granted**

▸ We **take** oil **for granted**.

usage Don't **take it for granted that** we can get water any time.

0219 ☐ **make believe (that)** 절

▸ The boys **made believe** they were astronauts.

0220 ☐ **take A seriously**

▸ He **takes** everything too **seriously**.

0221 ☐ **hope for A**

▸ Who doesn't **hope for** peace and security?

0222 ☐ **at the cost of A**

▸ He wanted to succeed, even **at the cost of** his health.

0223 ☐ **never fail to** *do*

▸ He **never fails to write** to his mother every month.

A를 당연한 것으로 생각하다

▶ 우리들은 석유를 당연한 것으로 생각한다.

usage A가 that 절의 경우에는 take it for granted that 절이 된다.
물은 언제나 얻을 수 있다고 당연하게 생각하면 안된다.

~하는 척 하다, ~인 듯이 보이게 하다, ~놀이를 하다
(= pretend (that) 절)

▶ 소년들은 우주비행사 놀이를 하고 있다.

point make people believe (that)절에서 people을 생략한 것.

A를 심각하게 받아들이다, 생각하다

▶ 그는 모든걸 지나치게 심각하게 생각한다.

point 여기에서 take는 '받아들이다' 의 의미.

A를 희망하다 (= wish for A, long for A, yearn for A)

▶ 평화와 안전을 누가 원하지 않으리오.

A를 희생으로 하여 (= at the expense of A)

▶ 그는 건강을 희생하더라도 성공하기를 원했다.

cf. **at all costs, at any cost** 필히, 반드시 0674 참고

반드시 ~하다

▶ 그는 매월 반드시 어머니에게 편지를 쓴다.

point fail to *do* (~하지 않다)에 never가 붙어 '~하지 않는 것은 결코 없다'
가 되어 '반드시 ~하다' 의 의미가 된다.

0224 ☐ **marvel at A**

▶ We **marveled at** the little boy's eloquence.

0225 ☐ **be second to none (in A)**

▶ Ann **is second to none in** tennis.

0226 ☐ **burst into A**

▶ The girls **burst into** laughter when they heard his joke.

0227 ☐ **suspect A of B**

▶ We all **suspect** him **of** murder.

0228 ☐ **share A with B**

▶ I **share** an apartment **with** my brother.

0229 ☐ **order A from B**

▶ The professor **ordered** some new books **from** New York.

A에 경탄하다, 놀라다

▶ 우리들은 그 작은 남자 아이의 웅변에 경탄했다.
usage marvel은 자동사이므로 수동태로 쓰지 않는다.

(A에 있어서는) 누구에게도 뒤지지 않다, 떨어지지 않는다

▶ 테니스에 있어서 앤은 누구에게도 뒤떨어지지 않는다.
point '누구의 뒤도 아닌' 이란 뜻에서 '누구에게도 뒤지지 않는다' 란 뜻이 되었다.

갑자기 A(울음, 웃음 등)를 터뜨리다, 시작하다 (= burst out doing)

▶ 소녀들은 그의 농담을 듣자마자 (갑자기) 웃음을 터뜨렸다.
usage burst into tears, burst out crying 갑자기 울기 시작하다

A가 B(나쁜 일, 죄)를 범하지 않았나 의심하다, 생각하다

▶ 우리는 모두 그가 살인범이 아닌가 의심한다.

A를 B(사람)와 나누다, 공유하다

▶ 나는 동생과 아파트에서 같이 살고 있다.

A를 B에 주문하다

▶ 교수는 신간 서적 몇 권을 뉴욕에 주문했다.

0230 □ **look up A in B / look A up in B**

▶ **Look up** this word **in** a dictionary.

0231 □ **break out**

▶ A fire **broke out** in the supermarket last night.

0232 □ **suffer from A**

▶ She is **suffering from** a headache.
(cf.) The company **suffered** big losses.

A(단어 등)를 B(사전 등)에서 찾다

▶ 이 단어를 사전에서 찾으시오.
usage B에는 책, 전화번호부, 시간표, 백과사전 등이 올 수 있다.

(전쟁이나 화재 등이) 갑자기 일어나다

▶ 어제 저녁 슈퍼마켓에서 화재가 발생했다.

A(병 등)로 고생하다, 고민하다

▶ 그녀는 두통으로 고생하고 있다.
cf. 타동사 suffer A는 'A(손해 등)를 입다, 받다'의 뜻.
그 회사는 막대한 손해를 입었다.

0233 □ **not a little / quite a little**

▶ I'm **not a little** surprised that the policeman was arrested.
(cf.) I'm **not a bit** interested in chemistry.

0234 □ **quite a few / not a few**

▶ **Quite a few** people attended the opening ceremony of the new bridge.

0235 □ **turn out A / turn A out**

▶ The factory **turns out** eight hundred motorcycles a month.

0236 □ **turn out to be ~**

▶ John's business has **turned out to be** a complete failure.

0237 □ **send for A**

▶ If her temperature goes up, **send for** the doctor.

0238 □ **strike A as B**

▶ Her remarks **struck** me **as** pointless.

(정도나 양에 관하여) 적지 않은, 상당히 (= quite a bit)

▶ 경찰관이 체포된 것에 대해 나는 적지 않게 놀랐다.
(cf.) **not a bit** 조금도 ~가 없다 (= not at all)
　　나는 화학에 전혀 흥미가 없다.

(수에 관하여) 상당한, 많은

▶ 많은 사람들이 새로운 다리의 개통식에 참석했다.
usage 가산명사와 함께 사용한다.

A를 제조하다, 만들어내다 (= produce A)

▶ 그 공장은 오토바이를 월 800대 생산한다.

~라고 판명하다, 알다 (= prove to be ~)

▶ 존의 사업은 완전한 실패로 판명되었다.
usage to be의 뒤에는 형용사 또는 명사가 오며, to be는 생략할 수 있다.

A를 부르러 보내다

▶ 만약 그녀의 열이 올라가면 의사를 부르러 보내세요.
usage 자기 이외의 사람에게 누군가를 부르러 보낼 때 쓰인다.

A(사람)에게 B라는 인상을 주다 (= impress A as B)

▶ 그녀의 발언은 나에게는 무의미한 인상을 주었다.

0239 ☐ **have an effect on A / have an influence on A**

▶ Some teachers **have a** great **effect on** their students.

0240 ☐ **deprive A of B**

▶ The accident **deprived** him **of** his sight.

0241 ☐ **forgive A for B**

▶ **Forgive** me **for** breaking my promise.

0242 ☐ **talk over A with B / talk A over with B**

▶ I **talked over** my plan to study abroad **with** my parents.

0243 ☐ **in honor of A**

▶ The ceremony was held **in honor of** the guest from China.

0244 ☐ **get the better of A**

▶ Curiosity **got the better of** him.

A에게 영향을 주다

▶ 학생들에게 대단한 영향을 주는 교사들도 있다.
usage effect나 influence 앞에 형용사가 올 때가 많다.

A(사람)에게서 B(권리·능력 등)를 빼앗다

▶ 그 사고 때문에 그는 시력을 잃었다.
[cf.] **rob A of B** A(사람)에게서 B(금품 등)를 빼앗다 0163 참고

B의 일로 A(사람)를 용서하다, 탕감하다

▶ 약속 지키지 못한 것 용서해 줘.
usage 큰 과실을 덮어 주고 용서할 때에 사용한다.
[syn.] **excuse A for B** B의 일로 A(사람)를 용서하다 0581 참고

B(사람)와 A의 일로 상담하다, 상의하다 (= discuss A with B)

▶ 나는 부모님과 유학 계획을 상의했다.

A(사람)에게 경의를 표하여, A(사람)를 위해

▶ 그 행사는 중국에서 온 초청객을 위해 열렸다.
usage in *one's* honor의 형태로도 사용된다.

A(사람)에게 이기다

▶ 그는 호기심에 졌다.

0245 ☐ **cure A of B**

▶ The doctor **cured** her **of** her disease.

0246 ☐ **inquire after A**

▶ He **inquired after** my grandmother.

0247 ☐ **be too much for A**

▶ The problem **was too much for** me.

0248 ☐ **take A by surprise**

▶ The news of the prime minister's resignation **took** us **by surprise**.

0249 ☐ **punish A for B**

▶ He was **punished for** child abuse.

0250 ☐ **let in A / let A in**

▶ She wouldn't **let** him **in**.
opp. Who **let out** the story about Princess Diana's love affair?

A(사람)의 B(병)를 고치다, 치유하다

▶ 그 의사는 그녀의 병을 고쳤다.

A(사람)의 건강상태를 묻다 (= ask after A)

▶ 그는 우리 할머니가 건강하신가 물었다.

(cf.) **inquire into A** A를 조사하다 0263 참고

A(사람)에게 힘겹다[벅차다], A(사람)에게는 이해할 수 없다

▶ 그 문제는 나에게 너무 힘겹다.

(cf.) **So much for A** A는 이것으로 끝내자 0584 참고

A(사람)의 허를 찌르다, A(사람)를 놀라게 하다

▶ 수상의 사임 뉴스에 놀랐다.

B(나쁜 일 등)의 일로 A(사람)를 벌하다

▶ 그는 아동학대로 벌을 받았다.

A를 안에 넣다

▶ 그녀는 (어떻게 해서든) 그를 방안으로 들여보내지 않았다.

(opp.) **let out A / let A out** A를 밖으로 내보내다
누가 다이아나 왕비의 연애 이야기를 누설한 걸까?

0251 ☐ **scold A for B**

▶ My father **scolded** me **for** not being punctual.

0252 ☐ **give A a ride / give A a lift**

▶ Would you **give** me **a ride** to the station?

0253 ☐ **take A into consideration / take A into account**

▶ We must **take** his illness **into consideration** before marking his exam.

0254 ☐ **by means of A**

▶ I went up to the roof **by means of** a ladder.

0255 ☐ **by no means**

▶ That politician is **by no means** honest.
⟨cf.⟩ Can I use your telephone? - Yes, **by all means**.

0256 ☐ **leave A behind**

▶ I have **left** my car keys **behind**.

A(어린이)를 B의 이유로 꾸짖다

▶ 아버지는 내가 시간을 지키지 않는다고 꾸짖으셨다.
usage 아버지나 교사가 아이들을 꾸짖을 때 쓰인다.

A(사람)를 차에 태우다

▶ 역까지 차에 태워 주시겠습니까?

A를 고려에 넣다 (= take account of A, consider A)

▶ 그의 시험지를 채점하기 전에 그의 와병을 고려해야 한다.
point consideration, account는 '고려' 라는 의미.

A를 이용하여, A에 의하여

▶ 나는 사다리를 이용해 지붕에 올랐다.
point means는 '수단' 이므로 'A라고 하는 수단에 의해' 라는 뜻이 된다.

결코 ~하지 않다 (= not at all, in no way) p.78 참고

▶ 저 정치인은 결코 성실하지 않다.
point '어떤 수단을 사용해도 ~이 아니다' 라는 의미에서 '결코 ~하지 않다' 라는 의미가 된다.
(cf.) by all means(꼭, 물론)는 응답할 때 쓰인다.
"전화 좀 사용할 수 있을까요?" "네, 그렇게 하세요."

A를 둔 채 가다, 잊다

▶ 자동차 열쇠를 잊고 왔다.

0257 ☐ **be absorbed in A**

▶ He **was** completely **absorbed in** the book and didn't hear the telephone ring.

0258 ☐ **be lost in A**

▶ The professor seemed to **be lost in** thought.

0259 ☐ **seek for A / seek after A**

▶ Janet was **seeking for** fame in the world of show business.

0260 ☐ **aim at A**

▶ What career are you **aiming at**?

0261 ☐ **see to it that** 절

▶ **See to it that** you never make the same mistake again.

0262 ☐ **up to A**

▶ **Up to** now they have worked very hard.

A에 (일시적으로) 몰두하다

▶ 그는 완전히 책에 몰두하고 있기 때문에 전화가 울리는 것을 듣지 못했다.

A에 몰두하다 (= lose *oneself* in A)

▶ 그 교수는 사색에 잠겨 있는 듯이 보였다.
usage A에는 thought가 오는 경우가 많다.

A를 구하다, 추구하다

▶ 자넷은 예능계에서의 명성을 추구하고 있었다.

A를 겨누다, 목표하다

▶ 당신은 어떤 직업을 목표로 하고 있습니까?
point at은 '목표'를 나타낸다.

(정신을 똑바로 차려) ~하도록 하다, 조처하다

▶ 같은 잘못을 다시 반복하지 않도록 주의하세요.
usage to it을 생략해서 'see that절'의 형태로도 쓸 수 있다.

A(시간 · 지점)까지

▶ 지금까지 그들은 열심히 일해 왔다.
cf. **be up to A** A(사람)에 달렸다 0429 참고

101

0263 ☐ **look into A**

▸ The police are **looking into** his disappearance.

0264 ☐ **look over A / look A over**

▸ Our boss **looks over** every paper presented to him.
(cf.) Mistakes like these are easily **overlooked**.

0265 ☐ **look through A / look A through**

▸ I've **looked through** your report and made some notes on it.

0266 ☐ **pick out A / pick A out**

▸ Will you **pick out** a tie for me?

0267 ☐ **pick up A / pick A up**

1. I will **pick** you **up** around six.
2. Where did you **pick up** your Italian?

A(사건 · 문제 등)를 조사하다, 검사하다 (= investigate A, examine A, inquire into A)

▶ 경찰은 그의 실종을 조사하고 있다.

point 'A의 내부를 바라보다' 라는 뜻에서 'A를 조사하다' 라는 의미가 됨.

A(책 · 서류 등)를 대충 훑어보다, A를 잘 살피다, 조사하다
(= look through A / look A through 0265 참고)

▶ 우리 상사는 제출된 모든 서류를 대충 훑어본다.

usage 어떤 뜻이 될 것인가는 문맥으로 판단한다.

cf. **overlook A** A를 빠뜨리고 보다, 훑어보다
이와 같은 오류는 놓치기가 쉽다.

A(책 · 서류 등)를 대충 훑어보다, A를 잘 살피다, 조사하다
(= look over A / look A over 0264 참고)

▶ 당신의 보고서를 대충 훑어보고 좀 적어 두었습니다.

A를 고르다 (= choose A)

▶ 제가 맬 넥타이를 골라 주시겠습니까?

syn. **single out A / single A out** A를 (하나만) 고르다

¹A(사람)를 차로 마중가다 ²A(언어 등)를 체득하다, A(물건)를 우연히 손에 넣다

1. 6시경 차로 마중하러 가겠습니다.
2. 이탈리아어는 어디에서 배웠습니까?

103

0268 ☐ **tell A apart**

▸ The two sisters are so alike that I can hardly **tell** them **apart**.

0269 ☐ **tell A from B / distinguish A from B**

▸ The boy can't **tell** a swallow **from** a sparrow.
(syn.) The little boy doesn't **know** a swallow **from** a sparrow.

0270 ☐ **count on A**

▸ You can **count on** Jack. He's sure to help you.

0271 ☐ **as a result of A / as a consequence of A**

▸ There were floods **as a result of** the heavy rain.

0272 ☐ **fill out A / fill A out**

▸ Please **fill out** this questionnaire and send it to us.

0273 ☐ **go with A**

▸ The new tie **goes with** your jacket.

A를 구별하다, 분별하다

▶ 그 두 자매는 매우 닮아서 나는 그 두 사람을 거의 구별할 수 없다.

A와 B를 구별하다, 분별하다

▶ 그 소년은 '제비'와 '참새'를 구별하지 못한다.
(syn.) know A from B도 같은 뜻이지만 can과 같이 사용할 수 없다.
usage distinguish between A and B의 형태로도 쓸 수 있다.

A를 믿다, 의존하다 (= depend on A, rely on A 0112 참고)

▶ 잭을 믿어도[의지해도] 좋아. 그는 꼭 너를 도와줄거야.

A의 결과로서

▶ 폭우로 인해 홍수가 발생했다.
usage of A를 축약한 as a result (그 결과로서)의 형태도 있다.

A(서류 등)에 필요사항을 써 넣다 (= fill in A / fill A in)

▶ 이 설문 용지를 써 넣어서 우리에게 보내주십시오.

A(물건)에 어울리다, 조화되다 (= match A)

▶ 새 넥타이가 네 재킷에 어울린다.

0274 ☐ **as a matter of fact**

▶ I don't know why you don't like him. **As a matter of fact**, I think he's a nice guy.

+α Living in the city, I lock my door whenever I go out **as a matter of course**.

0275 ☐ **during[in]** *one's* **absence**

▶ I'll get Meg to do my work **during my absence**.

0276 ☐ **be sick of A**

▶ I'**m sick of** listening to your complaints.

0277 ☐ **without doubt / beyond doubt**

▶ He is **without doubt** one of the most successful businessmen in Korea.

0278 ☐ **from time to time**

▶ Do you hear from your son **from time to time**?

실제는, 사실은 (= in fact)

▶ 난 네가 왜 그를 싫어하는지 모르겠어. 난 사실 그가 좋은 사람이라 생각하는데.

(+α) **as a matter of course** 당연한 일로서
    도시에 살고 있으므로, 나는 외출할 때마다 당연히 문을 잠근다.

~이 없을 때, ~가 외출시

▶ 난 내가 집을 비울 때는 맥에게 내 일을 시킬 것이다.

A에 싫증이 나다, 실망하다
(= be fed up with A, be tired of A 0133 참고)

▶ 난 네 불만을 듣는데 싫증이 나.

의심의 여지 없이, 분명하게
(= certainly, without question, beyond question)

▶ 그는 의심할 여지 없이 한국에서 가장 성공한 비즈니스맨 중 한 사람이다.

때때로, 종종 (= occasionally, on occasion, at times, at intervals)
p.78 참고

▶ 당신의 아들로부터 종종 소식이 있습니까?

107

0279 ☐ **play a ~ part in A / play a ~ role in A**

▶ TV **plays an** important **part in** everyday life.

0280 ☐ **expect A of B / expect A from B**

▶ I didn't **expect** such a nice present **from** you.

0281 ☐ **regardless of A / irrespective of A**

▶ She buys what she wants **regardless of** the cost.

0282 ☐ **catch sight of A**

▶ I **caught sight of** an old friend of mine in the crowd.

0283 ☐ **boast of A / boast about A**

▶ He is always **boasting of** his achievements.

0284 ☐ **take pride in A**

▶ She **takes pride in** her good looks.

9

A에 있어서 ~한 역할을 하다

▶ 텔레비전은 일상생활에서 중요한 역할을 하고 있다.
usage '~'의 부분에는 형용사가 온다.

A를 B(사람)에게 기대하다

▶ 난 너한테 그런 멋진 선물을 받으리라고는 생각하지 못했다.

A는 관계없이, A를 무시하여 (= without regard to A)

▶ 그녀는 자기가 원하는 것은 가격에 관계없이 산다.

A를 발견하다

▶ 나는 군중 속에서 나의 옛 친구를 발견했다.
opp. lose sight of A A를 잃어버리다

A를 자랑하다

▶ 그는 항상 자기의 업적을 자랑한다.
usage take pride in A 0284 참고 보다 '코에 걸고 자랑하다'라는 뜻이 더 강하다.

A를 자랑하다, 자랑으로 여기다 (= be proud of A, pride *oneself* on A)

▶ 그녀는 자신의 용모를 자랑스럽게 여긴다.
syn. boast of A A를 자랑하다, 코에 걸다 0283 참고

109

0285 ☐ **have a narrow escape (from A)**

▸ We **had a narrow escape from** the explosion.

0286 ☐ **be on strike**

▸ The bus drivers **are on strike** today.

0287 ☐ **in person**

▸ He can't attend the meeting **in person**, so I'm going for him.

0288 ☐ **set A free**

▸ He opened the cage and **set** the birds **free**.

0289 ☐ **in all directions**

▸ Hearing the monster's footsteps, they began running **in all directions**.

0290 ☐ **be to blame for A**

▸ The children **were** not **to blame for** the accident.

(A로부터) 간신히 도망치다, 구사일생으로 탈출하다

▶ 나는 폭발로부터 간신히 도망쳤다.

파업 중이다

▶ 버스 운전 기사들은 오늘 파업 중이다.
[cf.] **go on strike** 파업에 돌입하다
[+α] **be on a diet** 다이어트 중이다

자기 자신이, 개인적으로 (= personally)

▶ 그는 개인적으로 그 회의에 나가지 못하므로, 대신 제가 가겠습니다.

A를 자유롭게 하다, 해방하다

▶ 그는 새장을 열어 새를 자유롭게 날아가게 했다.
point set은 SVOC의 형태로 'O를 C의 상태로 하다'라는 의미.

사방팔방으로 (= in every direction)

▶ 괴물의 발자국 소리를 듣자 그들은 사방으로 뛰기 시작했다.

A(나쁜 일)에 관해 문책을 받다, 책임이 있다

▶ 어린이들에게는 그 사고의 책임이 없었다.
usage 문법적으로는 be to be blamed이지만, 관용적으로는 be to blame이
된다.

111

0291 ☐ **in detail**

▸ Beth described what she had seen **in detail**.

0292 ☐ **on duty**

▸ Policemen aren't permitted to drink **on duty**.

0293 ☐ **out of curiosity**

▸ She only asked you the question **out of curiosity**.

자세하게, 상세히 (= fully)

▶ 베스는 자기가 본 것을 상세히 설명했다.

(경찰이나 간호사가) 근무시간 중, 당번 중

▶ 경찰은 근무 중의 음주는 금지되어 있다.
opp. **off duty** 근무시간 외에, 비번으로

호기심으로부터, 호기심에서

▶ 그녀는 단순히 호기심에서 당신에게 그 질문을 했을 뿐입니다.
point out of는 '~로부터, ~에서'라는 '동기'를 나타낸다.
+α **out of kindness** 친절함으로부터, **out of fear** 공포심에서

0294 ☐ **out of place**

▸ I felt **out of place** in the expensive restaurant.

(opp.) All the chairs should be **in place** before the guests arrive.

0295 ☐ **out of the question**

▸ Traveling abroad is **out of the question**—we can't afford it.

0296 ☐ **out of work**

▸ My father has been **out of work** for a year.

(+α) The word "stewardess" will probably go **out of use** in the future.

0297 ☐ **make A into B**

▸ I'm going to **make** this material **into** a skirt.

0298 ☐ **in despair**

▸ Don't give up your work **in despair**.

0299 ☐ **do without A**

▸ He can't **do without** cigarettes even for a day.

부적당한, 덜 떨어진, 제자리를 얻지 못한

▶ 나는 그 고급 레스토랑에서 부적당하게[위화감을] 느껴졌다.
opp. in place 적당한, 당연한 장소에
    손님들이 도착하기 전에 의자를 모두 제자리에 두어야 합니다.

불가능한, 문제가 안 되는 (= impossible)

▶ 해외여행이라니 그건 불가능해요. 우리 형편에 그런 여유는 없어요.
cf. without question, beyond question 의심의 여지 없이 0277 참고

실직하여, 실업 중 (= unemployed)

▶ 아버지가 실직하신 지 1년이 된다.
+α out of use 사용되지 않고
    '스튜어디스' 라는 말은 미래에 아마 사용하지 않게 될 것이다.

A(원료)로부터 B(제품)를 만들다

▶ 나는 이 직물로 스커트를 만들려고 한다.
syn. turn A into B A를 B로 바꾸다 0018 참고

절망하여, 자포자기하여

▶ 자포자기하여 일을 포기해서는 안된다.

A없이 지내다 (= go without A, dispense with A)

▶ 그는 하루도 담배 없이 지낼 수 없다.

0300 ☐ **one by one**

▶ The movie was so dull that the audience left **one by one**.

0301 ☐ **be forced to** *do*

▶ He **was forced to work** part-time to study abroad.

0302 ☐ **come near (to)** *do*ing / **come close to** *do*ing

▶ The little girl **came near crying** at the sight of her mother.

0303 ☐ **on earth / in the world**

▶ What **on earth** are you doing in my room?

0304 ☐ **at heart**

▶ He seems rough, but **at heart** he is very gentle.

0305 ☐ **be peculiar to A**

▶ This style of cooking **is peculiar to** China.

(순번으로) 하나씩, 한 사람씩

▶ 영화가 너무나 재미없어 관객들이 한 사람씩 나가버렸다.

[+α] **step by step** 한 발씩, 일보일보, 착실히 / **little by little**
조금씩, 서서히 / **day by day** 매일매일 0204 참고

~ 하지 않을 수 없다, 할 수 없이 ~하다
(= be compelled [obliged] to *do*)

▶ 그는 유학가기 위해 아르바이트를 하지 않을 수 없었다.

point force A to *do* (A에게 (무리하게) ~시키다)의 수동형.

하마터면 ~할 뻔하다

▶ 그 어린 소녀는 어머니의 모습을 보고 하마터면 울 뻔 했다.

usage come near *doing*이 되면 *doing* 앞에 to가 생략되는 경우가 많다.

도대체 (= the hell)

▶ 도대체 내 방에서 무엇을 하고 있는 거야?

usage 의문사 뒤에 위치해 의문사를 강조한다.

마음 속으로는

▶ 그는 거칠어 보이지만, 마음 속은 대단히 부드럽다.

A의 특유한 것이다 (= be characteristic of A 0670 참고)

▶ 이 조리법은 중국 특유의 것이다.

0306 ☐ **make room for A**

> ▸ She **made room for** an old woman on the train.

0307 ☐ **be particular about A**

> ▸ He **is** very **particular about** his food.

0308 ☐ **keep company with A**

> ▸ He has been **keeping company with** Ann for three months.
> (syn.) I'll stay here and **keep** you **company** tonight.

0309 ☐ **much less ~ / still less ~**

> ▸ The baby cannot even walk, **much less** run.
> (=) The baby cannot even walk, **let alone** run.

0310 ☐ **at work**

> ▸ He is **at work** now, but will be coming home at seven.

0311 ☐ **be beside *oneself* with A**

> ▸ He **was beside himself with** joy.

A를 위하여 장소를 비우다

▶ 그녀는 기차 안에서 노부인을 위해 자리를 비워주었다.

A에 대해 까다롭게 굴다

▶ 그는 음식에 대하여 꽤나 까다롭게 군다.

A와 사귀다

▶ 그는 앤과 3개월 동안 사귀고 있다.

point company는 '사귐' 의 뜻.

syn. **keep A company** A(사람)와 동행하다, 같이 있다
　　　 오늘밤 여기에서 머물면서 같이 있어 줄게.

하물며 ~ 아니다, ~은 말할 것도 없고, ~은 고사하고 (= let alone ~)

▶ 그 아기는 뛰기는 커녕, 걷기 조차 못한다.

usage 부정문에 붙여 사용한다.

일하는 중 (= on the job)

▶ 그는 지금 일하는 중이지만, 7시에는 집으로 옵니다.

+α **at table** 식사 중 / **at war** 전쟁 중 / **at peace** 평화롭게, 마음 편히

A(즐거움, 슬픔 등)로 자신을 잊다

▶ 그는 즐거운 나머지 자기자신을 잊고 있었다.

0312 ☐ **on no account**

▷ You should **on no account** cheat in the exam.
usage **On no account** should you cheat in the exam.

0313 ☐ **under no circumstances**

▷ **Under no circumstances** should you lend him any money.

0314 ☐ **at random**

▷ The subjects for the experiment were chosen **at random**.

0315 ☐ **on the other hand**

▷ Dick is poor at math; **on the other hand**, he is good at history.

0316 ☐ **beyond description**

▷ The beauty of the lake was **beyond description**.

0317 ☐ **in appearance**

▷ The school is like a prison **in appearance**.

결코 ~ 않다, 아니다 (= under no circumstances 0313 참고)

▶ 결코 시험에서 컨닝을 해서는 안된다.

usage on no account가 문두에 나오면 도치가 일어난다.

point '어떠한 이유가 있어도 ~아니다' 가 원래의 뜻.

결코 ~ 않다, 아니다 (= on no account 0312 참고, in no case)

▶ 결코 그에게 어떤 돈이라도 빌려주어서는 안된다.

usage 문두에 사용하면 그 뒤의 문장은 도치가 된다.

point '어떤 사정이라도 ~않다' 가 원래의 뜻.

엉터리로, 무작위로

▶ 실험용 대상자는 무작위로 선정되었다.

다른 방면에서는, 그 대신에

▶ 딕은 수학은 못하는 반면 역사는 잘한다.

말로는 표현할 수 없는

▶ 그 호수의 아름다움은 말로는 표현할 수 없을 정도였다.

point '묘사를 넘어선' 이라는 뜻에서 '말로는 표현할 수 없는' 이란 의미가 되었다.

보기에는, 외견상은

▶ 그 학교는 외견상 형무소 같다.

0318 ☐ **for lack of A / for want of A**

▶ All the flowers in the garden died **for lack of** water.

0319 ☐ **every other day**

▶ She goes to the library **every other day**.

0320 ☐ **at the mercy of A**

▶ The ship was **at the mercy of** the waves.

0321 ☐ **for sure / for certain**

▶ **For sure**, she'll win the championship in the tournament.

0322 ☐ **in no time**

▶ I'll have the TV set fixed **in no time**.
syn. Do it **without delay**.

0323 ☐ **on purpose**

▶ The clown fell down **on purpose**.

A가 없기 때문에, A가 부족해서

▶ 정원의 꽃들은 물 부족으로 모두 말라 죽었다.
point lack은 '부족', want는 '결핍'의 의미.

하루 걸러 (= every second day)

▶ 그녀는 하루 걸러 도서관에 간다.
+α every other week 1주일 걸러
        on every other line 1행 걸러서

A가 하는 대로 (마음대로), A에 좌우되어

▶ 배는 파도에[파도 치는 대로] 맡겨져 있었다.

확실히, 틀림없이 (= surely, certainly)

▶ 그녀는 틀림없이 선수권전에서 이길 것이다.

곧, 금방 (= soon, in a minute 0006 참고)

▶ 곧 텔레비전을 수리하게 할겁니다.
syn. without delay 곧, 꾸물꾸물 하지 않고
        바로 행하세요.
+α at *one's* earliest convenience 형편 닿는 대로 조속히

고의로 (= intentionally, deliberately)

▶ 그 광대는 고의로 넘어졌다.
opp. by accident, by chance 우연히 0540 참고

123

0324 ☐ **supply A with B**

▶ The villagers decided to **supply** the refugees **with** water and food.

cf. I want to **furnish** my room **with** a sofa and two chairs.

0325 ☐ **provide A with B**

▶ Japanese companies generally **provide** their employees **with** uniforms.

0326 ☐ **provide for A**

1. We should **provide for** unexpected events.
2. I have no family to **provide for**.

0327 ☐ **on and off / off and on**

▶ It was raining **on and off** all night long.

cf. He kept crying **on and on**.

0328 ☐ **on end**

1. We have had no rain for weeks **on end**.
2. Her hair stood **on end** at the sight of the horrible accident.

A(사람)에게 B를 공급하다, 지급하다

▶ 마을 사람들은 피난민에게 물과 식량을 공급하기로 결정하였다.

usage B에는 부족한 물건이 오는 경우가 많다.

cf. **furnish A with B** A(집 · 방)에 B(비품)를 비치하다
내 방에 소파와 의자 2개를 비치하고 싶다.

A(사람)에게 B를 주다, 공급하다

▶ 일본 기업들은 보통 사원들에게 유니폼을 준다.

usage provide B for A의 형태도 사용한다.

syn. **supply A with B** A(사람)에게 B를 공급하다 0324 참고

¹A를 준비하다 ²A(사람)를 기르다 (= support A)

1. 예기치 않은 일에 대비하지 않으면 안된다.
2. 나에게는 부양할 가족이 없습니다.

불규칙적으로, 단속적으로

▶ 밤중에 내내 비가 오다 말다 하였다.

cf. **on and on** 계속하여, 점점
그는 계속 울고 또 울었다.

¹연속하여 (= continuously, in succession 0673 참고) ²똑바로

1. 몇 주 동안 계속 비가 오지 않았다.
2. 그녀는 끔찍한 사고를 보고 머리 끝이 일어섰다.

0329 ☐ **make a fool of A**

▸ Are you trying to **make a fool of** me?
(+α) Do you want to **make a fool of yourself**?

0330 ☐ **make fun of A**

▸ Don't **make fun of** foreigners' mistakes in Korean.

0331 ☐ **to make matters worse**

▸ I got lost, and **to make matters worse**, it began to rain.

0332 ☐ **pass for A / pass as A**

▸ You could **pass for** a teenager if you wore a T-shirt.

0333 ☐ **for the time being**

▸ I'm staying with my aunt **for the time being**.

0334 ☐ **have *one's* own way / get *one's* own way**

▸ You cannot always **have your own way**.

A(사람)를 바보로 만들다

▸ 넌 나를 바보로 만들 작정이니?

[+α] **make a fool of** *oneself* 바보짓을 해서 웃음거리가 되다
바보짓 해서 웃음거리가 되고 싶니?

A를 조소하다, 우롱하다 (= ridicule A)

▸ 외국인이 한국어를 말하는데 실수를 비웃어서는 안된다.

[syn] **play a trick [joke] on A** A에게 장난치다

[+α] **pull** *one's* **leg** 사람을 속이다, 조소하다

설상가상으로 (= what is worse)

▸ 나는 길을 잃은데다 설상가상으로 비까지 내렸다.

A로 통하다, A로서 통용되다

▸ T-셔츠를 입으면 10대로 통할 수 있다.

당분간 (= temporarily, for the moment, for the present)

▸ 당분간 숙모댁에 머무를 것이다.

자기 생각대로 하다

▸ 언제나 네 생각대로 할 수는 없다.

0335 ☐ **at present**

▶ She is busy **at present** and can't speak to you.

0336 ☐ **no wonder**

▶ **No wonder** he was arrested.

0337 ☐ **at best**

▶ The steps they took provided **at best** a temporary solution to the problem.

0338 ☐ **have done with A / be done with A**

▶ Let me read the paper when you **have done with it**.

0339 ☐ **to *one's* heart's content**

▶ She told the boy he could eat **to his heart's content**.

0340 ☐ **once (and) for all**

▶ You've got to give up gambling **once and for all**.

현재는, 목하 (= at the moment)

▶ 그녀는 지금 바빠서 당신과 이야기 할 수 없다.
[cf.] **for the present** 당분간 0333 참고

~은 당연하다, 놀랄 것 없다

▶ 그가 체포된 것은 당연하다.
[usage] small wonder, little wonder로 쓰기도 한다.
[point] It is no wonder that 절의 It is와 that이 생략된 것.

아무리 잘 보아주어도, 기껏해야

▶ 그들이 취했던 수단은 기껏해야 문제의 일시적인 해결 밖에 가져오지 못했다.
[opp.] **at worst** 최악이라 해도
[cf.] **at *one's* best** 최고의 상태에서, 최고조에서 0048 참고

A를 끝내다, 끝마치다 (= finish A, be through with A 0432 참고)

▶ 당신이 다 끝났으면[다 읽었으면] 그 신문 제가 읽고 싶습니다[읽게 해주세요].

마음이 내킬 때까지, 만족할 때까지

▶ 그녀는 소년에게 만족할 때까지 먹을 수 있다고 말했다.
[point] content는 명사로 '만족' 이라는 뜻.

이것을 마지막으로, 결연하게 (= definitely)

▶ 도박은 확실히 그만 두어야 합니다.

129

0341 ☐ **in terms of A**

▶ My mother thanks of everything **in terms of** money.

0342 ☐ **in *one*'s opinion**

▶ **In my opinion**, alcohol is not necessarily bad for your health.

0343 ☐ **in a sense**

▶ What he said is true **in a sense**.

0344 ☐ **as is often the case with A**

▶ **As is often the case with** Korean businessmen, my father usually works overtime.

0345 ☐ **be on the point of *doing***

▶ The train **was on the point of leaving** when I got to the station.

0346 ☐ **for all A / with all A**

▶ **For all** her efforts, she didn't succeed.

A의 관점으로부터, A에 관하여

▶ 내 어머니는 항상 돈의 관점에서 생각한다.

point 'A의 용어로'가 원래의 뜻.

~의 의견으로는 (= in one's view)

▶ 나의 의견으로는 알코올이 반드시 건강에 나쁘다고 할 수는 없다.

cf. according to A A에 의하면 0134 참고

어떤 의미에서 (= in a manner, in a way)

▶ 그가 말한 것이 어떤 의미에서는 사실이다.

A에게 자주 있는 일이지만

▶ 한국의 회사원에게는 흔한 일이지만, 아버지는 시간 외 근무를 하는 경우가 많다.

syn. as is usual with A A에게는 흔히 있는 일이지만

막 ~하려고 하다 (= be about to do 0083 참고, be on the verge of doing)

▶ 내가 역에 도착했을 때 열차는 막 떠나려고 하고 있었다.

A인데도 불구하고 (= despite A, in spite of A 0093 참고)

▶ 그녀의 노력에도 불구하고 그녀는 성공하지 못했다.

0347 ☐ **answer for A**

▶ The Secret Service has to **answer for** the safety of the president.

0348 ☐ **to some extent / to a certain extent**

▶ What he says is true **to some extent**.

0349 ☐ **with regard to A / with respect to A**

▶ I have no complaints **with regard to** his work.

(syn.) Several people have been arrested **in connection with** the robbery.

0350 ☐ **to do A justice / to do justice to A**

▶ I don't like him, but **to do** him **justice**, he's very talented.

(+α) This photograph doesn't **do** her **justice**.

0351 ☐ **not in the least / not in the slightest**

▶ I'm **not in the least** interested in physics.

A의 책임을 지다 (= take responsibility for A,
A를 보증하다 (= guarantee A)

▶ 기밀 부국(部局)은 대통령의 안전에 책임을 지지 않으면 안된다.

어느 정도까지
(= to a degree, to some degree, to a certain degree)

▶ 그가 말하고 있는 것은 어느 정도 진실이다.
(+α) to a great [large] extent 대부분은, 크게

A에 관해서 (= about A, as to A 0398 참고)

▶ 그의 일에 관해서는, 나는 어떠한 불만도 없습니다.
usage in regard to A, in respect to A의 형태도 있다.
syn. A in relation to A, in connection with A A에 관련하여
그 강도사건에 관련하여 여러 사람이 체포되었다.

A(사람)를 공평하게 보고, 정확하게 평가하면

▶ 나는 그를 좋아하지 않지만 공평하게 평가하면, 그는 대단히 재능이 있다.
(+α) do A justice / do justice to A A의 진가를 충분히 발휘시키다
이 사진은 그녀의 아름다움을 충분히 나타내고 있지 않다.

조금도 ~없는 (= not at all, not a bit) p.78 참고

▶ 나는 물리에 조금도 흥미가 없다.

0352 ☐ **over and over (again)**

▶ He keeps telling the same jokes **over and over again**.

0353 ☐ **cope with A**

▶ They could not **cope with** those difficulties.

0354 ☐ **in place of A**

▶ **In place of** our advertised program we will be showing a film.

0355 ☐ **be in danger of *do*ing**

▶ The young boy **is in danger of drowning**.

0356 ☐ **make a living / earn a living**

▶ She **makes a living** as a writer.

몇 번이고 반복하여, 재삼재사 (= repeatedly)

▶ 그는 같은 농담을 몇 번이고 계속하고 있다.

A(문제 등)에 잘 대처하다, A를 극복하다

▶ 그들은 그 난국을 잘 극복할 수 없었다.
usage 보통 의문문, 부정문에서 쓰인다.

A 대신에 (= instead of A 0149 참고)

▶ 예고 되었던 프로그램 대신에 영화를 방영하겠습니다.
usage in *one*'s place 의 형태로도 사용한다.

~할 위험성이 있다, ~할 것 같다

▶ 그 소년은 익사할 것 같다[익사의 위험에 빠져있다].

생계를 유지하다, 생활비를 벌다

▶ 그녀는 작가로서 생계를 유지하고 있다.
usage make *one*'s living, earn *one*'s living의 형태도 있다.

135

0357 ☐ **much of a A**

▸ She isn't **much of a** poet.

(+α) She is **something of a** singer.

0358 ☐ **nothing of A**

▸ She is **nothing of** a poet.

0359 ☐ **a great deal of A / a good deal of A**

▸ There was **a great deal of** concern about energy shortages in summer.

usage We all laughed **a good deal** and enjoyed ourselves.

0360 ☐ **a great many A / a good many A**

▸ The information is useful to **a great many** people.

0361 ☐ **a large amount of A / a great amount of A**

▸ **A large amount of** money was spent on the construction of the bridge.

대단한 A

▶ 그녀는 대단한 시인이 아니다.

usage 부정문에서 쓰인다.

+α **something of a A** (긍정문으로) 제법인 A, 상당한 A
그녀의 노래 실력은 제법인데요.

조금도 A가 아니다

▶ 그녀에게는 시인다운 점이 조금도 없다.

대단히 A, 대량의 A

▶ 여름의 에너지 부족이 대단히 염려되고 있었다.

usage A는 불가산명사. 또한 a great deal, a good deal만으로 much의 의미로 사용될 때가 있다.
우리 모두는 많이 웃고 즐겼다.

syn. **a large [great] amount of A** 대량의 A 0361 참고

상당히 많은 A, 대단히 많은 A
(= a large [great] number of A 0362 참고)

▶ 그 정보는 대단히 많은 사람들에게 도움이 된다.

usage A는 가산명사. 보통 긍정문으로 사용한다.

대량의 A, 막대한 양의 A

▶ 그 교량 건설에는 막대한 돈이 들었다.

usage A는 불가산명사.

syn. **a great [good] deal of A** 많은 A 0359 참고

0362 ☐ **a number of A**

1. Many people came to the meeting but **a number of** them left early.
2. **A number of** tourists visit Venice in the summer.

(cf.) **The number of** the chairs in the room is ten.

0353 ☐ **in the first place**

▸ I don't want to go out; **in the first place**, it's too cold.

0364 ☐ **for fear of *do*ing**

▸ My mother never drives **for fear of causing** an accident.

0365 ☐ **in short / in brief**

▸ We were financially troubled; **in short**, we were bankrupt.

0366 ☐ **have difficulty (in) *do*ing / have trouble (in) *do*ing**

▸ While in the States, I **had difficulty making** myself understood.

¹여러 개의 A ²많은 A (= a large[great] number of A,
a great[good] many A 0360 참고)

1. 많은 사람들이 그 회의에 참석했지만 몇몇은 일찍 돌아갔다.
2. 여름에는 많은 관광객이 베니스를 찾는다.
[usage] 위의 의미 중에서 어떤 것이 되는지는 문맥에서 판단한다.
[cf.] **the number of A** A의 수
그 방의 의자 수는 10개이다.

우선, 첫째로 (= firstly, to begin with 0081 참고)

▶ 나는 외출하고 싶지 않다. 우선 춥다.
[syn.] **first of all** 무엇보다 먼저 0100 참고
[cf.] **at first** 처음에는 0090 참고, **for the first time** 처음으로 0062 참고

~하는 것을 두려워 하여

▶ 어머니는 사고를 일으킬 것이 두려워서 결코 차를 운전하지 않는다.

한마디로, 즉 (= in a word)

▶ 우리는 재정적으로 곤경에 빠졌다. 한마디로 파산했다.
[syn.] **in other words** 바꿔 말하자면, 다시 말해 0150 참고
to sum up 요컨대

~하는 데 고생하다

▶ 미국에 있는 동안 나는 내가 말하는 뜻을 상대방에게 이해시키는 데 고생했다.

0367 □ **set in**

▸ The rainy season has **set in**.

0368 □ **refrain from** *doing* / **keep from** *doing*

▸ Please **refrain from smoking** in this room.

0369 □ **make a point of** *doing*

▸ I **make a point of being** punctual.

0370 □ **have no choice but to** *do*

▸ The poor boy **had no choice but to do** as his friends told him to.

0371 □ **bring** *oneself* **to** *do*

▸ I couldn't **bring myself to see** the horror movie again.

0372 □ **go through A**

▸ Since her father's death, she has **gone through** a lot of hardships.

시작하다 (= begin, start)

▶ 장마가 시작되었다.

usage 보통 좋아하지 않는 날씨나 계절이 시작할 때에 사용한다.

~하는 것을 그만두다, 삼가다

▶ 이 방에서 흡연은 삼가해 주시기 바랍니다.

반드시 ~하는 것으로 하다 (= make it a rule to *do* 0528 참고)

▶ 나는 시간엄수를 제일로 삼고 있다.

~ 외에 다른 방도가 없다, ~하지 않을 수 없다

▶ 그 불쌍한 소년은 그의 친구들이 말한 것 외에 다른 방도가 없었다.

point '~하는 것 외는 선택의 여지가 없다' 가 원래의 뜻.

+α **There is nothing for it but to** *do* ~하는 것 외에 다른 방도가 없다

~ 할 마음이 되다

▶ 그 공포 영화는 두 번 다시 볼 마음이 없었다.

usage cannot과 함께 부정문에서 사용할 때가 많다.

A(곤란 등)를 경험하다 (= experience A, undergo A)

▶ 아버지가 돌아가신 후에 그녀는 많은 어려움을 겪었다.

point 'A(고생 등)를 극복하다' 라는 의미에서 'A를 경험하다' 가 됨.

+α **get through A** A를 끝내다 0533 참고

0373 ☐ **mean to *do***

▶ I **meant to telephone** you, but I forgot.

0374 ☐ **take care to *do***

▶ **Take care** not **to catch** a cold.

0375 ☐ **read between the lines**

▶ It is not always easy to **read between the lines**.

0376 ☐ **make (both) ends meet**

▶ Today it's difficult to **make ends meet**.

0377 ☐ **lose *one's* temper**

▶ The shop attendant was rude, so I **lost my temper**.

0378 ☐ **enter into A**

▶ Before you **enter into** discussion, you should read the contract.

~할 계획이다, 작정이다 (= intend to *do*)

▶ 당신에게 전화할 계획이었는데 잊었어요.

~하도록 조심하다 (= be careful to *do*)

▶ 감기에 걸리지 않도록 조심하세요.
usage take care not to *do*라는 형태로 잘 쓰인다.

행간을 읽다, 말·글 속의 숨은 뜻을 알아채다

▶ 행간을 읽는다는 것은 항상 쉬운 일이 아니다.

수지를 맞추다, 수입 내에서 빚지지 않고 살아가다

▶ 요즘은 수입 내에서 빚지지 않고 살아가기가 어렵다.
point both ends는 '수입'과 '지출'을 말한다.

평정함을 잃다, 화를 내다 (= get angry)

▶ 그 점원이 버릇이 없어서 나는 화를 냈다.
opp keep *one's* temper, hold *one's* temper 평정심을 유지하다
cf. be out of temper는 '화를 내고 있다'라는 상태를 나타낸다.

A(교섭·사업 등)를 시작하다 (= start A)

▶ 협상에 들어가기 전에 계약서를 읽어 보셔야 합니다.
cf. enter A는 'A(집·방)에 들어가다'라는 뜻.

0379 ☐ **to the point**

▶ Your answer was short and **to the point**.

0380 ☐ **look back on A**

▶ The old man was always **looking back on** the good old days.

0381 ☐ **prepare for A**

▶ Will you help me **prepare for** the party?

0382 ☐ **give rise to A**

▶ Wealth often **gives rise to** laziness.

0383 ☐ **fall short of A / come short of A**

▶ His performance **fell short of** our expectations.

0384 ☐ **lie on *one's* back**

▶ It's pleasant to **lie on your back** and look up at the sky.

요령 있는, 적절한

▶ 당신의 대답은 간결하고 적절했다.

[opp.] **wide of the mark, beside [off] the point** 요점을 벗어나다

A를 회상하다

▶ 그 노인은 늘 지나간 좋은 옛 시절을 회상하고 있었다.

point look back은 '뒤돌아 보다' 라는 의미에서 '회상하다' 라는 뜻이 되었다.

A를 준비하다 (= get ready for A)

▶ 파티 준비하는 것 좀 도와줄래?

A를 일으키다, 불러오다
(= cause A, bring about A / bring A about 0566 참고)

▶ 풍요함은 종종 나태함을 불러온다.

A(기대 · 목표 등)에 달하지 않다

▶ 그의 연기는 우리들의 기대에 차지 않았다.

[cf.] **run short of A** A가 부족하다 0172 참고

등을 대고 눕다, 드러눕다

▶ 등을 대고 누워 하늘을 쳐다보면 기분이 좋다.

[+α] **lie on** *one's* **face** 반듯이 누워 자다

145

0385 ☐ **no more than A**

▶ His monthly salary is **no more than** 1,000,000 won.
(opp.) His annual income is **no less than** 50 million won.

0386 ☐ **not more than A**

▶ I have **not more than** 10,000 won with me.
(opp.) I have **not less than** five dictionaries.

0387 ☐ **a man of few words**

▶ He is **a man of few words**.

0388 ☐ **a man of *one's* word**

▶ He is **a man of his word**, so you can trust him.
(syn.) He **is as good as his word**, so you can trust him.

0389 ☐ **take in A / take A in**

1. The old man was **taken in** by the swindler.
2. Tell me your idea again. I just can't **take** it **in**.

A에 불과하다, A에 지나지 않다 (= only A)

▶ 그의 월급은 100만원에 불과하다.

(opp.) **no less than A** A정도 (= as much as A, as many as A)
그의 연간 수입은 5천만원 정도 된다.

(cf.) **not more than A** 기껏해야 A 0385 참고

기껏해야 A, 많아봤자 A (= at most A 0169 참고)

▶ 내가 갖고 있는 돈은 기껏해야 만원이다.

(opp.) **not less than A** 적어도 A (= at least A 0169 참고)
나는 적어도 5개의 사전을 갖고 있다.

(cf.) **no more than A** A에 지나지 않는 0385 참고

말수가 적은 사람

▶ 그는 말수가 적다.

약속을 지키는 사람

▶ 그는 약속을 지키는 사람이므로 당신은 그를 신뢰해도 좋습니다.

(syn.) **be as good as** *one's* **word[promise]** 약속을 지키다

¹A(사람)를 속이다 (= deceive A)
²A를 이해하다 (= understand A, make out A 0402 참고)

1. 그 노인은 사기꾼에게 사기 당했다.
2. 당신의 생각[아이디어]을 다시 한번 얘기해 주세요. 나는 이해가 안돼요.

point 'A를 안으로 받아들이다' 가 원래의 뜻.

0390 ☐ **add A to B**

▶ Please **add** some sugar **to** your tea, if you like.

0391 ☐ **add to A**

▶ His illness **added to** the family's troubles.

0392 ☐ **reduce A to B**

▶ The bombs **reduced** the city **to** ruins.

0393 ☐ **take on A**

1. She refused to **take on** any extra work.
2. The chameleon **takes on** the colors of its background.
3. They **took on** another 20 workers at the factory last year.

0394 ☐ **show off A / show A off**

1. He came to us to **show off** his new car.
2. The white dress **showed off** her suntanned skin.

0395 ☐ **hand in A / hand A in**

▶ **Hand in** your assignment now.

A를 B에 추가하다

▶ 좋으시다면 차에 설탕을 더 넣으세요.
cf. **add to A** A를 추가하다 0391 참고

A를 증가하다, 늘리다 (= increase A)

▶ 그의 병 때문에 가족들의 걱정이 더 늘었다.
cf. **add up to A** 합계가 A가 되다 0459 참고

A를 B(좋지 않은 상태)로 바꾸다

▶ 그 폭탄은 도시를 폐허로 만들었다.

¹A(일·책임 등)를 맡다 (= undertake A) ²A(성질·외관)를 띠다 ³A(사람)를 고용하다 (= employ A)

1. 그녀는 어떠한 추가분의 일도 맡기를 거절했다.
2. 카멜레온은 주위의 색을 띤다.
3. 그 공장은 작년에 20명의 종업원을 더 고용했다.

¹A를 자랑해 보이다 ²A를 끌어대다, 돋보이게 하다

1. 그는 그의 새차를 우리에게 자랑삼아 보여주러 왔다.
2. 하얀 드레스는 햇볕에 그을린 그녀의 피부를 돋보이게 했다.

A를 제출하다, 건네다 (= turn in A, submit A)

▶ 지금 숙제를 제출하세요.

0396 ☐ **take down A / take A down**

1. He **took down** her name and phone number.
2. They are **taking down** that old bridge.

0397 ☐ **apart from A / aside from A**

1. His essay is excellent, **apart from** a few spelling mistakes.
2. **Apart from** being fun, swimming is good exercise.

0398 ☐ **as to A**

▶ There were no directions **as to** what to do.
(cf.) **As for** me, there is not much to say.

0399 ☐ **contribute to A**

1. Every member of the team **contributed to** the victory.
2. Does smoking **contribute to** lung cancer?

0400 ☐ **take advantage of A**

1. He **took advantage of** the lunch hour to finish his homework.
2. Don't **take advantage of** his generosity.

¹A를 써넣다 (= write down A / write A down)
²A(건물 · 기계)를 해체하다, 분해하다

1. 그는 그녀의 이름과 전화번호를 써넣었다.
2. 그들은 그 낡은 교량을 해체하고 있는 중이다.

¹A는 별도로 하여 (= except for A 0680 참고)
²A만이 아니고 (= besides A)

1. 그의 수필은 몇 개의 철자 오타를 제외하면 훌륭한 것이다.
2. 수영은 즐거울 뿐 아니라, 좋은 운동이다.

A에 대하여 (= about A, with regard to A 0349 참고)

▶ 무엇을 할지에 대하여 어떠한 지시가 없었다.

[cf.] as for A (A에 관하여 말하자면)는 문두에서 사용한다.
나에 관해 말하자면, 그다지 할 말이 없습니다.

¹A에 공헌하다 ²A의 원인이 되다

1. 그 팀 멤버 전원이 승리에 공헌했다.
2. 흡연이 폐암의 원인이 됩니까?

[cf.] **contribute A to B** A(돈)를 B에 기부하다

¹A를 이용하다 (= make use of A 0168 참고)
²A에 편승하다 (= impose on A 0562 참고)

1. 그는 점심 시간을 이용해 숙제를 끝냈다.
2. 그의 관대함에 편승해서는 안된다.

0401 ☐ **in favor of A**

1. Are you **in favor of** the death penalty?
2. A lot of laws have been changed **in favor of** the aged.

0402 ☐ **make out A / make A out**

1. I cannot **make out** what she is trying to say.
2. Can you **make out** the farm in the distance.
3. Will you **make out** a bill?

0403 ☐ **take to A**

1. He **took to** Shannon as soon as they met.
2. He has **taken to** drinking since he got married.

0404 ☐ **be acquainted with A**

▸ I **am** not **acquainted with** the lawyer.

0405 ☐ **on behalf of A / in behalf of A**

▸ **On behalf of** the team, I accepted the championship flag.

¹A에 찬성하여 (= in support of A) ²A에 유리하게끔

1. 당신은 사형에 찬성합니까?

syn. be for A A에 찬성하다 0060 참고

opp. in opposition to A A에 반대하여

2. 많은 법률이 고령자에 유리하게끔 개정되었다.

¹A를 이해하다 (= understand A, figure out A) ²A를 분별하다, 판독하다 ³A(서류 등)를 작성하다

1. 나는 그녀가 무엇을 말하려는지 알 수 없다.

usage 보통 can을 수반하여 부정문, 의문문에서 사용된다.

2. 멀리서 농장이 보입니까?

3. 청구서를 만들어 주겠습니까?

¹A를 좋아하게 되다 ²A의 버릇 · 습관이 붙다

1. 그는 만나자마자 셰논을 좋아하게 되었다.

2. 그는 결혼하고 나서 술 마시는 버릇이 붙었다.

A(사람)와 아는 사이이다, A를 알다

▶ 나는 그 변호사와 아는 사이가 아니다.

A를 대표하여, A 대신에

▶ 팀을 대표하여 나는 우승기를 인수하였다.

0406 ☐ **live up to A**

1. It's difficult to **live up to** your principles.
2. Did the film **live up to** your expectations?

0407 ☐ **no doubt**

▶ **No doubt** they'll call me when they get there.

(+α) He loves her, **no doubt, but** he won't marry her.

0408 ☐ **on *one's* own**

1. The old woman lives there **on her own**.
2. He managed to finish the work **on his own**.

(cf.) My brother wants to buy a car **of his own**.

0409 ☐ **make up A / make A up**

1. How ridiculous! You are just **making** the story **up**.
2. You must **make up** the time you lost by working overtime.

(cf.) Why don't you kiss and **make up**?

¹A(주의·신념 등)에 따라 살다 ²A(기대 등)에 부응하다

1. 자기의 신념에 따라 산다는 것은 어렵다.
2. 영화는 당신의 기대에 부응하던가요?
syn. **come up to A** A(기대 등)에 부응하다, A에 필적하다

아마, 필시, 대개는 (= probably)

▶ 그들은 아마 그곳에 도착하면 전화를 걸어 올 것이다.
+α but과 호응하면 '확실히(= certainly)'라는 뜻이 된다.
  확실히 그는 그녀를 사랑하고 있지만, 결혼은 하지 않을 것이다.
cf. **without doubt** 의심할 여지 없이, 분명하게 0277 참고

¹혼자서 (= alone, by oneself 0191 참고)
²혼자 힘으로 (= by oneself, for oneself 0191 참고)

1. 그 노부인은 거기서 혼자 살고 있다.
2. 그는 혼자 힘으로 그 일을 잘 처리할 수 있었다.
cf. **of one's own** 자기 자신의
  우리 형은 자기의 차를 사길 원한다.

¹A(이야기 등)를 조작하다
²A(부족 등)를 메우다 (= make up for A 0496 참고)

1. 말도 안돼! 너 이야기 조작해 내고 있는 거야.
2. 너는 근무 외 작업으로 빼먹은 시간을 메워야겠어.
cf. **make up** 화해하다
  둘이서 키스하고 화해하면 어때?

0410 □ **for nothing**

1. I got these telephone cards **for nothing**.
2. Her preparation was **for nothing** because the trip was canceled.

0411 □ **if not ~**

▸ His performance was fairly good, **if not** excellent.

(cf.) Are you ready? **If not**, we are going without you.

0412 □ **live on A**

1. This year we have to **live on** imported rice.
2. How can you **live on** such a small salary?

0413 □ **come across A**

1. I **came across** an old school friend at the station yesterday.
2. I **came across** this old letter in the drawer.

¹무료로, 공짜로 (= free of charge)
²헛되게 (= in vain 0498 참고)

1. 나는 이 전화 카드를 무료로 얻었다.
point for는 '교환'을 나타내며 'nothing(아무것도 아닌)'과 교환했으므로, '공짜, 무료'라는 뜻이 된다.
2. 그 여행이 취소되어 그녀의 준비는 허사가 되었다.
cf. be good for nothing 도움이 되지 않다 0669 참고

~가 아닐지라도

▶ 그의 연주는 최고가 아니었어도 대단히 훌륭했다.
usage 보통 if not 의 뒤에는 형용사, 부사가 온다.
cf. if not 만약 그렇지 않다면
준비 되었습니까? 만약 안되었으면 우리는 당신을 두고 떠나겠습니다.

¹A를 주식으로 하다 ²A(수입 등)로 살다

1. 우리는 올해 수입쌀을 먹고 살아야 한다.
cf. 동물의 경우, feed on A (A를 주식으로 하다)도 사용한다.
2. 당신은 어떻게 그런 적은 월급으로 살 수 있습니까?
point on은 '~에 의존하여'라는 뜻.

¹우연히 A(사람)와 만나다 (= run across A, run into A 0414 참고)
²우연히 A(물건)를 발견하다 (= run across A, discover A)

1. 어제 나는 역에서 학창시절 친구와 우연히 만났다.
2. 나는 이 오래된 편지를 서랍 속에서 우연히 발견했다.

0414 ☐ **run into A**

1. I **ran into** an old friend of mine in the shopping mall.
2. The car **ran into** the back of a bus.

0415 ☐ **get along with A / get on with A**

1. I think I can **get along with** the new boss.
2. How are you **getting along with** your work?

0416 ☐ **attend to A**

1. **Attend to** what I'm saying.
2. I have some important business to **attend to**.

¹우연히 A(사람)와 만나다, 조우하다 (= come across A, run across A 0413 참고) ²(사람·자동차가) A와 충돌하다

1. 나는 쇼핑 센터에서 우연히 옛 친구와 만났다.
2. 그 자동차는 버스의 뒷부분에 충돌했다.

¹A(사람)와 사이좋게 지내다 ²A(일 등)를 잘 해나가다, 진척시키다

1. 새로 온 상사와 좋게 지낼 수 있을 것 같다.
usage with의 앞에 well이 오는 경우가 많다.
2. 당신의 일은 잘 진척되어 가고 있습니까?

¹A를 주의하여 듣다 (= pay attention to A 0034 참고)
²A(일 등)에 정력을 쏟다

1. 내가 말하는 것을 잘 들으세요.
2. 나는 전념해야 할 중요한 일이 있습니다.
cf. **attend A** A(학교)에 다니다, A(회의)에 출석하다

0417 ☐ **not so much A as B**

▶ She is **not so much** a novelist **as** a poet.
(=) She is a poet **rather than** a novelist.

0418 ☐ **not so much as** *do*

▶ The man can**not so much as write** his own name.
(+α) She went out **without so much as saying** good-bye.

0419 ☐ **agree to A**

▶ Do you **agree to** my plan?

0420 ☐ **agree with A**

1. She **agreed with** me.
(cf.) We **agreed on** the point.
2. Eggs don't **agree with** me.

0421 ☐ **apply A to B**

▶ We can't **apply** the rule **to** this case.
(cf.) This rule **applies** only **to** freshmen.

A라기보다 오히려 B (= more B than A, B rather than A)

▶ 그녀는 소설가라기보다는 오히려 시인이다.

~조차 하지 않다 (= not even *do*)

▶ 그 남자는 자기의 이름 조차 쓰지 못한다.

[+α] **without so much as** *do***ing** ~조차 하지 않고
그녀는 작별인사 조차 하지 않고 가버렸다.

A(제안 · 계획)에 동의하다

▶ 당신은 내 계획에 찬성합니까?

¹A(의견 · 사람)에 찬성하다 ²(음식 · 기후 등이) A(사람)의 체질에 맞다

1. 그녀는 내 생각에 찬성했다.

[cf.] agree on A (A에 관해서 의견이 일치하다)의 주어는 반드시 복수.
우리는 그 점에 관해서 의견이 일치하였다.

2. 계란은 내 체질에 맞지 않는다.

[usage] 이 경우 보통 부정문으로 사용한다.

A를 B에 적용하다, 응용하다

▶ 우리는 그 규칙을 이 경우에 적용할 수 없다.

[cf.] apply to A (규칙 등이) A에 적용되다, 적합하다.
이 규칙은 신입생에게만 적용된다.

0422 □ **apply for A**

▸ You should **apply for** that job.

0423 □ **deal with A**

1. Her new book **deals with** sexual harassment in Korea.
2. I don't know how to **deal with** the problem.
(cf.) They **deal in** antiques.

0424 □ **get over A**

1. They managed to **get over** the problems without any help.
2. I hope she'll **get over** her cold soon.

0425 □ **owe A to B**

1. I **owe** my success **to** you.
2. I **owe** $100 **to** my father.
usage I **owe** my father $100.

0426 □ **bring out A / bring A out**

1. His study **brought out** the foolishness of the plan.
2. I've just **brought out** a book on foreign affairs.

A(일 등)를 지원하다, 응모하다, 신청하다

▶ 당신은 그 일자리에 지원해야 한다.

¹(책 등이) A를 취급하다, 논하다 ²A(문제 등)를 처리하다

1. 그녀의 신간은 한국 내의 성희롱을 다루고 있다.
2. 나는 그 문제를 어떻게 처리해야 할지 모르겠다.
   (cf.) **deal in A** A(상품)를 거래하다, 취급하다
   그 가게는 골동품을 취급하고 있다.

¹A(곤란 등)를 극복하다 (= overcome A)
²A(병 등)로부터 회복하다 (= recover from A)

1. 그들은 어떠한 도움도 없이 문제들을 잘 극복하였다.
2. 그녀가 감기에서 빨리 나았으면 좋겠는데요.
   point 원래 'A를 뛰어 넘다' 라는 뜻.

¹A는 B의 덕택이다 ²A(돈)를 B(사람)에게 빚지다

1. 내가 성공한 것은 당신 덕택입니다.
2. 나는 아버지에게 100 달러를 빚지고 있다.
   usage 여기에서는 owe B A의 어순으로도 쓸 수 있다.

¹A(감춰진 사실이나 의미 등)를 분명히 하다, 밝히다 (= reveal A)
²A(책)를 출판하다 (= publish A), A(신제품)를 발표하다

1. 그의 연구는 그 계획의 어리석음을 밝혀 냈다.
2. 나는 해외 실정에 관한 책을 막 출판했다.
   (cf.) **come out** (사실 등이) 밝혀지다, (책이) 출판되다 0718 참고

0427 ☐ **in turn**

1. The teacher asked each of the students **in turn**.
2. I told Dick and he **in turn** told Bill.

0428 ☐ **anything but A**

1. She is **anything but** sensitive.
2. I will do **anything but** this work.

0429 ☐ **be up to A**

1. It**'s up to** you to decide where to go.
2. I**'m** not **up to** that job.
3. Let's go and see what he**'s up to**.

0430 ☐ **make *one's* way**

1. We **made our way** through the crowd.
2. I'm sure he'll **make his way** in the world in the future.

¹교대로, 순서대로 (= by turns) ²이번에는 (= in *one's* turn)

1. 선생님은 학생들 각각에게 순서대로 물었다.
2. 내가 딕에게 말하고 이번에는 딕이 빌에게 이야기 했다.
point 여기에서 turn은 '순서, 순번' 의 뜻.

¹조금도 A가 아니다 (= not A at all) p.78 참고
²A 외에는 무엇이든지

1. 그녀는 조금도 감수성이 예민한 사람이 아니다.
usage A는 형용사 또는 명사.
2. 나는 이 일 외의 것이라면 무엇이든지 하겠습니다.
cf. **nothing but A** A에 불과하다 0630 참고

¹A(사람) 나름이다, A(사람)의 책임이다
²A(일 등)를 할 능력이 있다 (= be equal to A 0754 참고)
³A(좋지 않은 일 등)를 하다, 하려고 하다

1. 어디로 갈 것인가를 정하는 것은 너한테 달렸다.
2. 나는 그 일을 할 수 있는 능력이 없습니다.
usage 이 의미로는 보통 의문문이나 부정문으로 사용한다.
3. 그가 무엇을 하려고 하는지 가서 보자.

¹(고생하며) 나아가다, 전진하다 ²성공하다, 출세하다

1. 우리들은 군중을 헤치며 나아갔다.
+α **feel** *one's* **way** 손으로 더듬어 나아가다
   work *one's* **way through A** 일하면서 A를 졸업하다
2. 그는 장래에 출세할 것이다.
usage 이 의미에서는 보통 뒤에 in life나 in the world가 붙는다.

165

0431 ☐ **be ready for A / be prepared for A**

▸ I'm **ready for** bed.

(+α) I'm **ready to show** you around the city.

0432 ☐ **be through with A**

1. **Are** you **through with** your work yet?
2. I'm **through with** alcohol.

0433 ☐ **more or less**

1. I've **more or less** finished the assignment.
2. He seems **more or less** interested in literature.

0434 ☐ **refer to A**

1. He **referred to** the kidnapping case in his book.
2. If you don't know how to spell a word, **refer to** the dictionary.

(cf.) This kind of music is **referred to as** chamber music.

0435 ☐ **be apt to *do***

▸ The teacher **is apt to get** angry if you ask a lot of questions.

A의 준비가 되어 있다

▶ 난 잘 준비가 되어 있어.
+α **be ready to** *do*, **be prepared to** *do* 자진하여 ~하다
　제가 자진하여 도시를 안내하겠습니다.

¹A(일 등)를 끝내다 (= have done with A 0338 참고)
²A와 관계를 끊다

1. 아직 일을 끝내지 않았니?
2. 나는 술과 인연을 끊었다.

¹대체로, 거의 (= almost, nearly)　²다소간, 얼마간

1. 나는 숙제를 거의 끝냈다.
2. 그는 다소 문학에 흥미가 있는 것 같다.

¹A를 언급하다 (= mention A)
²A를 조사하다, A와 협의하다 (= consult A)

1. 그는 저서에서 그 유괴사건을 언급하였다.
2. 단어의 철자법을 알 수 없을 때에는 사전에서 찾으세요.
cf. **refer to A as B** A를 B라고 부르다 (= call A B)
　이런 종류의 음악은 실내악이라고 부르고 있다.

~하기 쉽다, ~하는 경향이 있다 (= tend to *do*)

▶ 그 선생은 많은 질문을 하면 화내는 경향이 있다.

0436 ☐ **break into A**

1. The thieves **broke into** my house while I was away.
2. Jane often **breaks into** our conversations.

0437 ☐ **turn down A / turn A down**

1. I'm sorry, but I have to **turn down** your invitation.
2. Please **turn down** the TV. It's too loud.

0438 ☐ **live from hand to mouth**

▸ His company went bankrupt and now he's **living from hand to mouth**.

0439 ☐ **break down**

▸ The car **broke down** and I had to get a taxi.

0440 ☐ **call for A**

1. I heard a girl **calling for** help.
2. The situation **calls for** maximum effort from everyone.

¹A(집 등)에 침입하다 ²A(대화 등)에 끼어 들다 (= interrupt A)

1. 내가 집을 비운 사이에 집에 도둑이 침입했다.
2. 제인은 종종 우리 대화에 끼어 든다.

¹A를 거절하다, 단절하다 (= refuse A, reject A)
²A(음량 등)를 작게 하다

1. 유감이지만 당신의 초대를 거절해야겠네요.
2. 텔레비전의 소리를 작게 하세요. 너무 소리가 큽니다.
opp. **turn up A / turn A up** A(음량 등)를 크게 하다 0193 참고

그 날 벌어 그 날 먹다, 간신히 지내다

▶ 그의 회사는 도산하였으므로 지금 그는 간신히 지내고 있다.
point 원래 '손에 들어 온 것을 곧장 입에 넣다' 라는 의미.

(기계 등이) 고장나다 (= go wrong)

▶ 자동차가 고장나서 나는 택시를 타지 않을 수 없었다.

¹A(도움 등)를 큰 소리로 구하다
²(일이나 상황이) A를 필요로 하다, 요구하다 (= require A)

1. 한 소녀가 도움을 요청하는 소리가 들려 왔다.
2. 그 상황은 모두의 최대한의 노력을 필요로 하고 있다.
point 여기에서 for는 '~을 구하여' 라는 의미.

169

0441 ☐ **hold on / hang on**

1. **Hold on** a moment, please.
2. The soldiers had to **hold on** till help arrived.

0442 ☐ **fall on A**

▶ My birthday **falls on** a Sunday this year.

0443 ☐ **make it**

1. It's hard to **make it** in show business.
2. The train is leaving in five minutes. We'll never **make it**.
3. "Jim, can I see you on Monday?" "No, I'm sorry I can't **make it**."

0444 ☐ **be open to A**

1. These gardens **are open to** the public.
2. Such a description **is open to** misunderstanding.

0445 ☐ **accuse A of B / charge A with B**

1. The police **accused** him **of** murder.
2. His father **accused** him **of** carelessness.

¹(전화를) 끊지 않고 대기하다, 기다리다 (= hold the line)
²견디다, 인내하다 (= hold out 0658 참고)

1. 전화를 끊지 마시고 잠시만 기다려 주세요.
(opp) **hang up** 전화를 끊다
2. 군사들은 지원이 도착할 때까지 견뎌야 했다.

(휴일 · 생일 등이) A(요일)에 해당하다

▶ 내 생일은 올해 일요일에 해당한다.

¹성공하다 (= succeed, make good) ²시간에 대다
³시간을 맞추다

1. 예능계에서 성공한다는 것은 어려운 일이다.
2. 열차는 5분 후에 떠나. 우리는 절대로 시간에 대어 갈 수 없겠어.
3. "짐, 월요일에 만날 수 있겠니?" "아니, 미안하지만 시간이 안되겠어."

¹A(사람)에게 열려 있다, A(사람)가 이용할 수 있다
²A(오해 등)를 받기 쉽다

1. 이 정원은 일반인에게 개방되어 있다.
2. 그와 같은 기재는 오해의 소지가 있다.

¹A(사람)를 B의 죄로 고소하다, 호소하다
²A(사람)를 B의 이유로 비난하다 (= blame A for B 0476 참고)

1. 경찰은 그를 살인죄로 고소했다.
2. 그의 부친은 그를 부주의하다고 비난했다.

0446 □ **hold good**

1. This rule doesn't **hold good** in every case.
2. This airline ticket **holds good** for a week.

0447 □ **in order**

1. Chairs and desks were arranged **in order**.

(+α) **Put** your room **in order**.

2. This machine is **in** good **order**.

¹해당하다, 맞다 (= hold true) ²유효하다 (= be valid)

1. 이 규칙이 모든 경우에 해당하는 것은 아니다.
2. 이 항공권은 1주일간 유효하다.

usage 이 의미에서는 be valid를 사용하는 것이 보통.

¹정연하게, 정돈되어 ²상태가 좋게, 순조롭게

1. 의자와 책상이 정돈되어 있었다.

+α **put A in order** A를 정돈하다, 정리하다
　　당신 방을 정리[정돈]하세요.

2. 이 기계는 상태가 좋다.

opp. **out of order** 고장이 나서

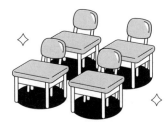

0448 ☐ **not to mention A**

▶ He can play the violin, **not to mention** the guitar.

0449 ☐ **not to say ~**

▶ The new car is fairly good, **not to say** excellent.

0450 ☐ **all at once**

1. **All at once** the rain came down.
2. A number of things happened **all at once**.

0451 ☐ **all of a sudden**

▶ **All of a sudden** I remembered I hadn't turned off the gas.

0452 ☐ **make allowance(s) for A**

1. You must **make allowances for** him because he is ill.
2. We ought to **make allowances for** the fact that she is very young.

A는 말할 것도 없이 (= to say nothing of A, not to speak of A)

▶ 그는 기타는 말할 것도 없이 바이올린도 연주한다.

[cf.] **let alone~** 하물며 ~ 아니다 0309 참고

~라고 까지는 말하지 않지만

▶ 그 새 차는 최고라고 까지는 말하지 않지만 상당히 훌륭하다.

usage '~'에는 보통 형용사가 온다.

[cf.] **to say nothing of A** A는 말할 나위도 없이 0448 참고

¹돌연 (= suddenly, all of a sudden 0451 참고)
²동시에, 일제히 (= all at the same time)

1. 돌연 비가 쏟아졌다.
2. 많은 일들이 동시에 일어났다.

돌연히, 갑자기 (= suddenly, all at once 0450 참고)

▶ 난 내가 가스를 끄지 않았던 것이 갑자기 생각났다.

point 여기에서 sudden은 명사.

¹A(사람)를 관대히 보다
²A(사물)를 고려에 넣다 (= allow for A)

1. 그는 병 중에 있으므로 관대히 봐주어야 한다.
2. 우리는 그녀가 대단히 젊다는 사실을 고려에 넣지 않으면 안된다.

0453 ☐ **as a rule**

▶ I am in bed by eleven o'clock **as a rule**.

0454 ☐ **as a whole**

▶ The novel **as a whole** is well written.
(cf.) **On the whole** women live longer than men.

0455 ☐ **What if ~?**

1. **What if** I refuse your offer?
2. **What if** she turns me down!

0456 ☐ **care for A**

1. I don't **care for** strong coffee.
2. I'm going to ask you to **care for** the cat while I'm away.
(cf.) I don't **care about** what they say.

0457 ☐ **be indifferent to A**

▶ How can you **be** so **indifferent to** politics?

일반적으로, 보통은 (= generally, usually)

▶ 나는 보통 11시까지 잡니다.

(각각이 아닌) 전체로서

▶ 그 소설은 전체적으로 잘 쓰여졌다.

[cf.] **on the whole** 일반적으로 말해서
일반적으로 말해서 여성은 남성보다 오래 산다.

¹만약 ~라고 하면?
²~한다 하더라도 어쩔 것인가! (상관 없지 않은가?)

1. (만약) 내가 너의 부탁을 거절한다면 어쩔 셈이야?
2. 그녀에게 거절 당한들 무슨 상관인가!

usage 의미의 구별은 문맥에 따라 결정한다. 감탄사가 있는 경우는 두번째 의미.

point What will (would) happen if ~?의 생략형.

¹A를 좋아하다 ²A를 돌보아 주다 (= take care of A 0043 참고)

1. 나는 진한 커피를 좋아하지 않는다.

usage 보통 부정문, 의문문으로 사용한다.

2. 내가 집을 비우는 사이에 고양이를 돌봐 달라고 너한테 부탁하려는 참이야.

[cf.] **care about A** A를 걱정하다, 마음에 두다
나는 그들이 말하는 것을 마음에 두지 않는다.

A에 무관심하다

▶ 당신은 어떻게 그렇게도 정치에 무관심해요?

[cf.] **be different from A** A와 다르다 0089 참고

0458 □ **do with A**

1. If you got one million won, what would you **do with** it?
2. I can't **do with** such a small apartment.

0459 □ **amount to A / add up to A**

1. The repair bill **amounted to** $300.
2. Your words **amount to** a refusal.

0460 □ **be supposed to** *do*

1. He **was** commonly **supposed to be** dead.
2. Everyone **is supposed to wear** a seat belt in cars.

0461 □ **as such**

1. She is a lady and expects to be treated **as such**.
2. He is not very interested in politics **as such**.

0462 □ **above all**

▶ Get plenty of sleep, eat lots of good food, and **above all** try to relax.

¹A를 처리하다 ²A에서 지내다

1. 만약 100 만원을 수중에 넣는다면 그것을 어떻게 사용하겠습니까?
usage 의문사 what과 같이 사용한다.
2. 나는 그런 작은 아파트에서 지낼 수가 없다.

¹합계가 A가 되다 (= come to A) ²결국 A가 되다, A와 같다

1. 수리 비용은 총 300 달러이다.
2. 네 말은 결국 거절하겠다는 것과 같아.

¹~라고 생각되다 ²(관례 · 법률 등으로부터) ~하기로 되어 있다

1. 그는 세간에서는 죽었다고 생각되었다.
2. 자동차에 타면 누구든지 안전벨트를 착용하도록 되어 있다.

¹그러한 것으로서 ²그 자체

1. 그녀는 숙녀이므로 그렇게 대접 받기를 기대하고 있다.
2. 그는 정치 자체에는 매우 관심이 없다.
usage 이 의미에서는 명사의 바로 뒤에 위치한다.

무엇보다 먼저 (= among other things, most of all)

▶ 충분히 수면을 취하고 영양가 있는 음식을 많이 드세요. 그리고 무엇보다 마음 편하게 있도록 하세요.

0463 ☐ **be faced with A**

▶ We **are faced with** a difficult situation.

0464 ☐ **on the contrary**

▶ The picture doesn't seem ugly to me. **On the contrary**, I think it's beautiful.

(cf.) 1. I'll come on Tuesday unless you write **to the contrary**.
2. **Contrary to** the doctor's advice, he started smoking again.

0465 ☐ **set out**

▶ My brother **set out** on a trip to Okinawa.

(cf.) She **set out to paint** the kitchen walls white.

0466 ☐ **in case of A**

1. **In case of** emergency, call this number.
2. Take your umbrella with you **in case of** rain.

(+α) The bus is usually on time, but start early **just in case**.

0467 ☐ **differ from A**

▶ My point of view **differs from** my parents'.

A에 직면하다 (= be confronted with A)

▶ 우리들은 곤란한 사태에 직면해 있다.

이에 반하여, 도리어

▶ 그 그림은 나에게는 추하게 보이지 않는다. 도리어 난 아름답다고 생각한다.

(cf.) 1. to the contrary 그것과는 반대로(의)
당신이 (편지에) 그렇게 하지 말라고 쓰지 않는 한, 난 화요일에 갈 거에요.
2. contrary to A A와 반대로
의사의 충고와 반대로 그는 다시 담배를 피우기 시작했다.

(여행의) 길을 떠나다, 출발하다 (= set off)

▶ 우리 형은 오끼나와로 여행을 떠났다.

(cf.) set out to *do* ~하기 시작하다
그녀는 부엌 벽을 하얗게 칠하기 시작했다.

¹A(사고 등)의 경우에 ²A에 대비하여

1. 긴급 사태의 경우에는 이 번호로 전화하세요.
2. 비에 대비해 우산을 가지고 가세요.

(+α) just in case 만일의 경우에 대비하여
버스는 보통 정각에 오지만 만일에 대비해 일찍 나가세요.

A와 다르다 (= be different from A 0089 참고)

▶ 나의 견해는 부모의 견해와 다르다.

(usage) differ from A in B (B에 있어서 A와 다르다)라는 형태도 있다.

0468 ☐ **in addition to A**

▶ **In addition to** the names on the list, there are seven other applicants.

usage It was cold outside, and **in addition**, it started to snow.

0469 ☐ **on (the) ground(s) that** 절

▶ I declined the invitation **on the grounds that** I had an earlier appointment.

0470 ☐ **due to A / owing to A**

▶ **Due to** the rain, the game was cancelled.

usage His injury **was due to** his carelessness.

0471 ☐ **bear A in mind / keep A in mind**

▶ You have to **bear in mind** what your teacher said.

usage **Bear in mind that** Arabs do things differently.

cf. What shall we eat tonight? Do you **have** anything **in mind**?

0472 ☐ **What is S like?**

▶ **What is** the new principal **like**?

usage Can you imagine **what it is like to live** in a world without love?

A에 추가하여 (= besides A, on top of A)

▶ 리스트에 있는 이름에 추가하여, 응모자가 7명 더 있다.
usage in addition (= besides, what is more)만으로도 사용.
밖은 추웠다. 게다가 눈이 내리기 시작했다.

~라는 이유로

▶ 선약이 있다는 이유로 나는 그 초대를 거절했다.
point ground는 '이유, 근거' 라는 뜻.

A의 탓으로 (= on account of A 0087 참고/ p. 78 참고)

▶ 비 때문에 그 시합은 취소 되었다.
usage be due to A A의 탓이다
그의 부상은 부주의 탓이다.

A를 마음에 두다, 외워 두다 (= remember A)

▶ 선생님이 말씀하신 것은 마음에 새겨 두어야 한다.
usage A가 that절인 경우에는 bear (it) in mind that절이 된다.
아랍 사람들은 우리와 (습관이) 다르다는 것을 기억해 두세요.
cf. have A in mind A를 생각하다
오늘 저녁에 무엇을 먹을까? 뭐 생각해 둔 것 있어?

S는 어떤 사람인가?

▶ 새 교장은 어떤 사람입니까?
usage S가 to부정사의 경우에는 형식주어인 it을 사용한다.
당신은 사랑이 없는 세상을 살아간다는 것이 어떠한 것인지 상상할 수 있습니까?

183

0473 ☐ **as good as ~**

▶ I had my car repaired, and it looked **as good as** new.

0474 ☐ **speak up**

1. Could you please **speak up**?
2. He was not afraid to **speak up** when he believed himself to be right.

0475 ☐ **go into A**

▶ We still need to **go into** the problem of cost.

0476 ☐ **blame A for B**

▶ She **blamed** her husband **for** the failure of their marriage.

0477 ☐ **put on weight / gain weight**

▶ Hasn't he **put on weight**?

0478 ☐ **out of breath**

▶ The child arrived **out of breath**.

~에 못지 않은, (사실상) ~나 매한가지인 (= almost ~)

▶ 내 차를 수리하였더니 새 차처럼 보인다.
usage '~'에는 보통 형용사나 부사가 온다.

¹큰 소리로 이야기 하다 ²솔직하게 의견을 진술하다 (= speak out)

1. 큰 소리로 이야기해 주시겠습니까?
2. 그는 자기가 옳다고 생각할 때는 솔직하게 자기 의견을 말하는 것을 두려워
   하지 않았다.

A를 상세히 조사하다
(= examine A, investigate A, look into A 0263 참고)

▶ 우리는 여전히 비용 문제를 검토할 필요가 있다.

A(사람)를 B의 일로 비난하다 (= accuse A of B 0445 참고)

▶ 그녀는 결혼생활이 파탄난 것에 대해 남편을 비난했다.
usage blame B on A (B를 A(사람) 탓으로 하다)라는 형태도 있다.

살찌다, 체중이 늘다

▶ 그 사람 살찌지 않았어?
opp. **lose weight** 살 빼다, 여위다
usage weight 대신 구체적인 무게가 올 때도 있다.

숨이 차서, 헐떡이며

▶ 그 소년은 헐떡이며 도착했다.

0479 □ consist in A

▶ Happiness **consists in** contentment.

0480 □ consist of A

▶ The committee **consists of** ten people.

0481 □ as[so] far as S is concerned

▶ **As far as I'm concerned**, this book is just rubbish.
usage As for me, this book is just rubbish.

0482 □ as[so] far as I know

▶ **As far as I know**, he will be away for three months.
usage To the best of my knowledge, he will be away for three months.

0483 □ as well

▶ He gave me advice, and money **as well**.

0484 □ How come ~ ?

▶ **How come** you didn't join the party?

A에 있다, 존재하다 (= lie in A 0040 참고)

▶ 행복은 만족에 있다.

A로 구성되다 (= be composed of A, be made up of A)

▶ 그 위원회는 10명으로 구성되어 있다.

S에 관해서, S에 있어서

▶ 나에게 있어 이 책은 실로 졸작이다.

usage S가 I(나)인 경우 as for me, for my part (나에 관해 말하자면)와 바꿔 쓸 수 있다.

내가 아는 한

▶ 내가 아는 한, 그는 3개월 동안 (집에) 없을 것이다.

usage to (the best of) my knowledge (내가 아는 한)를 사용해 바꿔 쓸 수 있다.

그 외에, 덧붙여서 (= too)

▶ 그는 나에게 조언을 준 것 외에 돈도 주었다.

어째서~?, 왜~?

▶ 어째서 그 일행에 참가하지 않았습니까?

usage How come의 뒤에는 S+V의 어순이 되어 도치는 일어나지 않는다.

0485 ☐ **be bound for A**

▶ The ship **is bound for** New Orleans.

0486 ☐ **be bound to** *do*

1. He **is bound to come** tomorrow.
2. We **are** legally **bound** not **to park** on these roads.

0487 ☐ **adapt A to B**

▶ Successful companies **adapt** their products **to** the needs of their customers.

(+α) He soon **adapted himself to** the new job.

0488 ☐ **What has become of A?**

▶Do you know **what has become of** him?

(usage) 1. Do you know **what has happened to** him?
2. I wonder **what will become of** the poor child.

0489 ☐ **lead A to B**

▶Your encouragement **led** me **to** success.

(cf.) Social drinking can **lead to** alcoholism.

(+α) What **led** you **to think** that?

A(장소) 행이다

▶ 그 배는 뉴올리언즈 행이다.

¹꼭 ~할 것이다 (= be sure to *do* 0537 참고) ²~할 의무가 있다

1. 그는 내일 꼭 올 것이다.
2. 법률상 이 도로에 주차해서는 안된다.

A를 B에 적합하게 하다, A(사람 · 동물)를 B(환경)에 순응하게 하다

▶ 성공적인 기업은 그들의 제품을 소비자의 요구에 적합하도록 한다.

(+α) **adapt** *oneself* **to A, adapt to A** A(새로운 환경 등)에 적응하다
(= adjust to A)
그는 곧 새로운 일에 익숙하게 되었다.

A는 (그 후) 어떻게 되었는가?

▶ 그가 그 후 어떻게 되었는지 아십니까?

usage 1. What has happened to A? 를 사용해 바꿔 쓸 수 있다.
2. What will become of A? (A는 어떻게 될 것인가?)라는 형태도 있다.
그 불쌍한 어린이는 장래 어떻게 될까?

A를 B로 인도하다

▶ 당신의 격려로 나는 성공하였습니다.

(cf.) **lead to A** (결과로서) A가 되다, (길이) A로 통하다
사회적 친교로서 술을 마시면 알코올 중독자가 될 수도 있다.

(+α) **lead A to** *do* A에게 ~시키다
어째서 당신은 그렇게 생각하게 되었습니까?

189

0490 ☐ **one after another**

▸ His plans failed **one after another**.

usage She made up **one** excuse **after another** to decline his invitation.

0491 ☐ **present A with B**

▸ They **presented** my father **with** an expensive watch when he retired.

0492 ☐ **be free to** *do*

▸ You **are free to** go anywhere you like.

syn. Please **feel free to** use my word processor.

0493 ☐ **carry on A / carry A on**

▸ **Carry on** working while I'm out.

usage **Carry on with** the work while I'm out.

0494 ☐ **run a risk / take a risk**

▸ You can't be successful in business without **taking a risk** sometimes.

+α I don't want to **run the risk of being** expelled from school.

cf. I'm going to **take a chance** on that girl.

차례차례로, 잇따라, 연속하여

▶ 그의 계획은 잇따라 실패했다.

usage one A after another라는 형태로도 사용한다.
그녀는 그의 초대를 거절하려고 차례차례 구실을 만들었다.

A(사람)에게 B를 증정하다

▶ 그들은 아버지께서 퇴직하실 때 비싼 시계를 선물했다.

usage present B to A의 형태를 사용하는 경우도 있다.

마음 놓고 ~하세요

▶ 어디든지 당신이 가고 싶은 곳에 마음 놓고 가도 좋습니다.

syn. feel free to *do* (명령문으로) 사양 말고 ~해도 좋다
사양 말고 내 워드 프로세서를 쓰도록 하세요.

(사람이) A(일 등)를 계속하다 (= continue A)

▶ 내가 나가 있는 동안, 일을 계속하세요.

usage carry on with A라는 형태도 쓰인다.

위험을 무릅쓰다

▶ 때로는 위험을 무릅쓰지 않고서는 비즈니스에서 성공할 수 없다.

+α run [take] the risk of *do*ing ~하는 모험을 하다
나는 퇴학 당하는 모험을 하기 싫다.

cf. take a chance 운명에 맡기고 해보다
저 여자에게 한번 운명을 맡겨 보겠다.

0495 ☐ **go out of *one*'s way to *do***

▶ He **went out of his way to meet** me at the station.

0496 ☐ **make up for A**

▶ Hurry up. We have to **make up for** lost time.

0497 ☐ **get rid of A**

▶ How can we **get rid of** these old records?

0498 ☐ **in vain**

▶ We tried **in vain** to get him to change his mind.
usage We tried to get him to change his mind, but **in vain**.

0499 ☐ **in sight**

▶ There is not a soul **in sight**.
(+α) The train came **in sight**.
(opp.) **Out of sight**, out of mind.

Step
2
Dash Idiom 400 / 16th

일부러 ～하다 (= take the trouble to *do*)

▶ 그는 일부러 역까지 나를 만나러 와 주었다.

point 원래 '길을 돌아가다' 라는 뜻.

A(손실 등)를 꿰매 맞추다, 조합하다, 보충하다
(= compensate for A, make up A 0409 참고)

▶ 서두르세요. 우리들은 헛되이 보낸 시간을 보충하지 않으면 안됩니다.

A를 제거하다, 처분하다 (= dispose of A)

▶ 이 낡은 레코드 판들을 어떻게 처분하면 좋을까?

usage get rid of a cold (감기를 퇴치하다), get rid of a bad habit (나쁜 습관을 그만 두다) 등으로 번역한다.

syn. **rid A of B** A로부터 B를 제거하다

헛되이, 공연히
(= to no purpose, to no avail, for nothing 0410 참고)

▶ 우리는 그의 기분을 바꾸려고 애를 썼지만 허사였다.

usage in vain은 문장 끝에 사용될 때도 있다.

보이는 곳에, 시야 속에

▶ 사람 한 명도 보이지 않는다.

+α **came in [into] sight** 보이게 되다
열차가 시야에 들어왔다.

opp. **out of sight** 보이지 않는 곳에
보이지 않으면 잊게 된다. → 헤어지면 마음도 멀어진다. (속담)

0500 ☐ **ask a favor of A / ask A a favor**

▸ May I **ask a favor of** you?
(cf.) Will you **do** me **a favor**?

0501 ☐ **have the kindness to** *do*

▸ The woman **had the kindness to show** me the way to the station.

0502 ☐ **get in touch with A**

▸ You had better **get in touch with** your parents at once.
(syn.) Please **keep in touch with** me. Call me anytime you like.

0503 ☐ **think much of A / think highly of A**

▸ I don't **think much of** him as a musician.
(+α) They **think little of** driving 50 miles to have a delicious meal.

0504 ☐ **feel at home / feel at ease**

▸ They welcomed me warmly, so I **felt at home**.
(opp.) I always **feel ill at ease** with strangers.

A(사람)에게 부탁하다

▶ 부탁 좀 드릴 수 있을까요?

[cf.] **do A a favor** A(사람)의 부탁을 듣다
제 부탁을 들어 주실 수 있습니까?

친절하게도 ~하다 (= be kind enough to *do*)

▶ 그 여성은 친절하게도 나에게 역으로 가는 길을 가르쳐 주었다.

[+α] **have the courage to** *do* 용감하게도 ~하다
have the misfortune to *do* 불행하게도 ~하다

A(사람)와 연락을 취하다 (= get in contact with A)

▶ 곧 부모님과 연락을 취하는 편이 낫겠어요.

[syn.] **keep in touch with A** A(사람)와 연락을 유지하다
계속 연락하자. 언제라도 좋을 때 전화해.

A를 중요하게 여기다, 중요시하다 (= make much of A 0574 참고)

▶ 나는 그가 대단한 음악가라고는 생각하지 않는다.

[usage] 보통 부정문으로 사용한다.

[+α] **think little [nothing] of A** A를 경시하다, 별 거 아니라고 생각하다
그들은 맛있는 음식을 먹으려고 차로 50마일 달리는 것을 별 것 아니라 생각한다.

스스럼 없이 편히 지내다

▶ 그들이 나를 따뜻하게 환영해 주어서 나는 (스스럼 없이) 편하게 느꼈다.

[opp.] **feel ill at ease** 기분이 편하지 않다
나는 낯선 사람들과 있으면 늘 마음이 편안하지 않다.

0505 ☐ **talk A into *doing***

▸ The salesman **talked** my parents **into buying** a set of encyclopedias.

0506 ☐ **have a look at A / take a look at A**

▸ Can I **have a look at** the magazine?
(+α) Can I **have a try at** the new camera?

0507 ☐ **leave much to be desired**

▸ Tom's report **leaves much to be desired**.
(opp) Bill's report **leaves nothing to be desired**.

0508 ☐ **in the way (of A)**

▸ His selfishness got **in the way of** his promotion.
(opp) Would you move your car **out of the way**?

0509 ☐ **be at home with [in] A**

▸ He **is** quite **at home with** computers.

A(사람)를 설득하여 ~시키다 (= persuade A to *do*)

▶ 그 세일즈맨은 우리 부모님을 설득해서 백과사전을 사게 했다.

opp. talk A out of *doing* A(사람)를 설득하여 ~하는 것을 그만두게 하다

A를 보다 (= look at A)

▶ 그 잡지를 좀 볼 수 있을까요?

+α have a try at A A를 시도해 보다 (= try A)
그 새 카메라로 찍어 봐도 될까요?

유감인 점이 많다, 개선의 여지가 많이 있다

▶ 톰의 보고서는 개선의 여지가 많이 있다.

opp. leave nothing to be desired 개선할 점이 없다
빌의 보고서는 개선할 점이 없다.

(A의) 방해가 되어

▶ 그의 이기주의는 그의 승진에 방해가 되었다.

opp. out of the way 방해가 되지 않는 곳에
(당신의) 차를 방해가 되지 않는 곳으로 옮겨 주시겠습니까?

A에 정통하다, 익숙하다 (= be familiar with A 0545 참고)

▶ 그는 컴퓨터에 정통하다.

cf. feel at home 스스럼 없이 편히 하다 0504 참고

0510 ☐ **have something in common (with A)**

▶ Japanese **has something in common with** Korean.

0511 ☐ **have something to do with A**

▶ He **has something to do with** the robbery.

0512 ☐ **be far from (being) A**

▶ Your work **is far from being** satisfactory.

0513 ☐ **be free from A**

▶ If you had a word processor, you'd **be free from** all this trouble.
usage Admission to the museum **is free of** charge.

0514 ☐ **object to A**

▶ My mother **objected to** my going to the Middle East.
syn. They **are opposed to** the construction of a new airport.

198

(A와) 공통점이 있다

▶ 일본어는 한국어와 공통점이 있다.

usage something의 부분에 a lot, much(많이), little(거의 없는), nothing (전혀 없는) 등을 넣어 바꿔 쓸 수 있다.

A와 관계가 있다

▶ 그는 그 강도 사건과 관계가 있다.

usage something의 부분에 a lot, much(많이), little(거의 없는), nothing (전혀 없는) 등을 넣어 바꿔 쓸 수 있다.

전혀 A가 아니다 p. 78 참고
(= not at all A 0692 참고, anything but A 0428 참고)

▶ 당신의 작업은 만족스러움과는 전혀 거리가 멀다.

usage A에는 형용사나 명사가 온다. being은 종종 생략된다.

A(나쁜 것)가 없다 (= be free of A)

▶ 워드 프로세서가 있으면 당신은 이러한 문제들이 없어질 것이다.

usage 'A(세금 · 요금)가 면제되다'의 경우 be free of A를 사용하는 경우가 많다.
그 박물관의 입장료는 무료이다.

A에 반대하다 (= oppose A)

▶ 어머니는 내가 중동에 가는 것을 반대했다.

syn. **be opposed to A** A에 반대하다 (= be against A)
그들은 신공항 건설에 반대하고 있다.

0515 ☐ **be true of A**

▶ The food is very good and the same **is true of** the service.

0516 ☐ **be true to A**

1. The dinosaurs in the film "Jurassic Park" **were true to** life.
2. He **is true to** his word.

0517 ☐ **turn a deaf ear to A**

▶ My father **turned a deaf ear to** my requests.
(+α) Our teacher **turns a blind eye to** students who smoke at school.

0518 ☐ **have on A / have A on**

▶ She **had** a blue dress **on** at the party yesterday.
(syn.) She **had** a diamond ring **on** her finger.

0519 ☐ **under consideration**

▶ The proposal he made yesterday is now **under consideration**.
(+α) The problem **under discussion** is NAFTA.

A에 해당하다

▶ 그 음식은 매우 훌륭하고 서비스도 그러하다.

¹A와 꼭 닮다 ²A(약속 등)에 충실하다

1. 영화 '쥬라기 공원'의 공룡은 진짜와 꼭 닮았다.
2. 그는 약속을 충실히 지킨다.

A에 조금도 귀를 기울이지 않다

▶ 아버지는 나의 요구에 조금도 귀를 기울이지 않았다.

point 원래 'A에 들리지 않는 귀를 향하다'의 의미.

+α turn a blind eye to A A를 보고 못 본 체 하다
우리 선생님은 학교에서 담배를 피우는 학생을 보고도 못 본 체 한다.

A(옷 등)를 몸에 착용하다 (= be wearing A)

▶ 그녀는 어제 파티에서 파란 드레스를 입고 있었다.

syn. have A on B A(반지 등)를 B(몸)에 착용하다
그녀는 손가락에 다이아몬드 반지를 끼고 있었다.

고려 중, 검토 중

▶ 그가 어제 제출한 제안 사항은 현재 검토 중에 있다.

+α under construction 건설 중, under discussion 토의 중,
under repair 수리 중
토의 중인 문제는 NAFTA (북미자유무역협정)이다.

201

0520 ☐ **have an eye for A**

▸ I wonder if Mike **has an eye for** paintings.

(+α) She **has an ear for** Baroque music.

0521 ☐ **as many A**

▸ He made ten mistakes in **as many** pages.

(+α) They were working hard **like so many** ants.

0522 ☐ **substitute A for B**

▸ We **substitute** margarine **for** butter.

(cf.) Who can **substitute for** the heroine?

0523 ☐ **congratulate A on B**

▸ I **congratulated** him **on** passing the entrance exam.

(+α) **Congratulations on** passing the entrance exam!

0524 ☐ **be anxious for A**

▸ My brother **is anxious for** fame.

(cf.) He **is anxious about** being fired.

(+α) I'm **anxious to** meet you.

A를 보는 눈(안목)이 있다

▶ 마이크가 그림을 보는 안목이 있는지 궁금하다.

⟨+α⟩ **have an ear for A** A를 듣는 귀가 있다, A의 좋은 점을 알 수 있다
그녀는 바로크 음악을 들을 줄 안다[이해한다].

동수의 A, A와 같은 수의

▶ 그는 10 페이지에서 10개의 오류를 범했다.

⟨+α⟩ **like so many A** (같은 수의) A와 같이
그들은 개미와 같이 열심히 일하고 있었다.

A를 B의 대신으로 사용하다 (= replace B with[by] A)

▶ 우리는 버터 대신에 마가린을 사용한다.

⟨cf.⟩ **substitute for A** A를 대신하다
누가 여주인공을 대신할 수 있습니까?

A(사람)에게 B의 일로 축하를 하다

▶ 나는 그에게 입학시험 합격을 축하했다.

⟨+α⟩ **Congratulations on A!** A를 축하합니다!
입학시험 합격을 축하합니다!

A를 염원하다, 바라다
(= long for A 0221 참고, be eager for A 0599 참고)

▶ 형은 명성을 염원하고[바라고] 있다.

⟨cf.⟩ **be anxious about A** A(아직 일어나지 않은 일)를 걱정하다
그는 해고되지 않을까 걱정하고 있다.

⟨+α⟩ **be anxious to** *do* 매우 ~하고 싶어하다
나는 당신을 매우 만나고 싶다.

0525 □ **be on good terms with A**

▶ I'm **on good terms with** the neighbors.

usage I haven't **been on speaking terms with** my boss since the quarrel.

0526 □ **next to impossible**

▶ It is **next to impossible** to see Rome in a day.

(+α) I know **next to nothing** about geometry.

0527 □ **devote A to B**

▶ She **devoted** her life **to** education.

(+α) She **is devoted to** helping disabled persons.

0528 □ **make it a rule to** *do*

▶ I **make it a rule to jog** every morning.

(syn.) I'm not **in the habit of eating** meat, but this looks so good that I'll try it.

0529 □ **What do you think of[about] A?**

▶ **What do you think of** reggae?

(cf.) **How do you feel about** reggae?

A와 사이가 좋다

▶ 나는 이웃 사람들과 사이가 좋다.

usage good 대신 speaking이나 visiting 등이 오면 각각 '말을 건네는 사이', '왕래하는 사이' 라는 뜻이 된다.
나는 말싸움 후 상사와 사이가 안 좋다.

거의 불가능한 (= almost impossible)

▶ 하루에 로마를 구경하는 것은 거의 불가능하다.

+α next to nothing 거의 아무것도 없다
나는 기하학에 관한 것은 아무것도 알지 못한다.

A를 B에게 바치다, A를 B에게 향하다

▶ 그녀는 일생을 교육에 바쳤다.

+α devote *oneself* to A, be devoted to A A(일 등)에 전념하다, A(사람)를 열렬히 사랑하다
그녀는 신체 장애자를 돕는 것에 전념하고 있다.

반드시 ~하는 것으로 하고 있다
(= make a point of *do*ing 0369 참고)

▶ 나는 매일 아침 조깅(하는 것을 습관으로) 하고 있다.

syn. be in the habit of *do*ing ~하는 습관이 있다
나는 고기를 먹는 습관은 없지만, 이 고기는 대단히 맛있게 보여 먹어 보려고 한다.

A를 어떻게 생각하는가

▶ 당신은 레게에 대해 어떻게 생각합니까?

cf. 의문사 how를 사용하면 'How do you feel about A?' 가 된다.

0530 ☐ **nothing but A**

▸ **Nothing but** a miracle can save her now.
(+α) He **does nothing but complain** all day long.

0531 ☐ **leave A to B**

1. I'll **leave** this work **to** you.
(+α) When they are **left to themselves**, children sometimes try dangerous things.
2. Mr. Brown **left** a large fortune **to** his son.

0532 ☐ **make sure (that)** 절

1. Have you **made sure** the door is locked?
2. Go to the stadium and **make sure** we all get seats.

0533 ☐ **get through A**

▸ We **got through** the work just before ten.

0534 ☐ **save A from B**

▸ He **saved** a child **from** drowning in a pond.
(syn.) The life jacket will **protect** you **from** drowning.

A에 불과하다, A뿐 (= only A)

▶ 지금 그녀를 구할 수 있는 것은 기적 뿐이다.

[+α] **do nothing but** *do* ~하고만 있다, 다만 ~할 뿐이다
그는 하루 종일 불평만 하고 있다.

[cf.] **anything but A** 조금도 A가 아니다, A 이외는 무엇이든지 0428 참고

¹A를 B에 맡기다 ²A를 B(사람)에게 유산으로 남기다

1. 이 일은 당신한테 맡기겠습니다.

[+α] **leave A to** *oneself* A를 내버려 두다
어린이들을 내버려 두면 그들은 종종 위험한 일을 할 때가 있다.

2. 브라운씨는 아들에게 막대한 유산을 남겼다.

¹~을 확인하다
²반드시 ~하도록 하다 (= see to it that 절 0261 참고)

1. (당신은) 문이 잠긴 것을 확인 하셨습니까?
2. 경기장에 가서 우리 모두의 자리를 반드시 확인하세요.

A를 끝내다 (= finish A)

▶ 10시 정각 조금 전에 우리는 일을 끝냈다.

A를 B(위험 · 곤란 등)로부터 구하다 (= rescue A from B)

▶ 그는 연못에서 익사하려는 어린이를 구했다.

[syn.] **protect A from B** A를 B로부터 지키다, 보호하다
구명 재킷이 익사를 막아줄 것이다.

0535 ☐ **name A after B / name A for B**

▶ My first son was **named after** my uncle.

0536 ☐ **turn around / turn round**

▶ If you **turn around**, I'll fasten your dress for you.

0537 ☐ **be sure of A / be certain of A**

▶ I'm **sure of** winning the championship.
⟨cf.⟩ He **is sure to win** the championship.

0538 ☐ **take the place of A**

▶ CDs have **taken the place of** records.
⟨usage⟩ Who will **take his place**?
⟨cf.⟩ His recent work will **take its place among** the most important novels of this century.

0539 ☐ **at a distance**

▶ The picture looks better **at a distance**.
⟨cf.⟩ I saw a flash **in the distance**.

B의 이름을 따서 A에게 이름을 붙이다

▶ 내 큰 아들의 이름은 숙부의 이름을 따서 붙였다.

한 바퀴 방향을 바꾸다, 돌이켜 보다

▶ 방향 바꿔 돌면, 내가 드레스 (지퍼나 단추) 채워줄게.

[cf.] **turn A around[round]** A의 방향을 바꾸다

A(일)를 확신하다

▶ 나는 내가 챔피언십에서 우승할 것을 확신하고 있다.

[cf.] S is sure[certain] to *do*는 'S 가 반드시 ~하다' 라고 말하는 사람이 확신하고 있는 것을 나타낸다.
나는 그가 꼭 챔피언이 될 것이라 확신한다.

A를 대신하다, A 대신에 하다 (= replace A)

▶ CD가 레코드를 대신해 오고 있다.

usage take *one's* place의 형태가 될 때도 있다.
누가 그를 대신할 겁니까?

[cf.] **take *one's* place [among A]** (A 가운데) 지위를 확립하다
그의 최근 저서는 금세기 최고의 중요한 소설이 될 것이다.

조금 떨어져서

▶ 그 그림은 조금 떨어져서 보면 더 좋아 보인다.

[cf.] **in the distance** (저) 멀리서
멀리서 섬광을 보았다.

209

0540 ☐ **by accident / by chance**

▶ We met each other again completely **by accident**.

0541 ☐ **by any chance**

▶ Do you know Professor Brown **by any chance**?

0542 ☐ **be engaged in A**

▶ We **are engaged in** a difficult task.
(cf.) My brother **is engaged to** Emily.

0543 ☐ **in *oneself***

▶ A car **in itself** is neither good nor bad; it depends on the driver.
(cf.) The door closed **of itself**.

0544 ☐ **search for A**

▶ I've been **searching for** my puppy for weeks.
(cf.) The police **searched** the firm **for** the secret documents.
(syn.) He **felt for** the light switch in the dark room.

우연히, 우연한 일로 (= accidentally)

▶ 우리들은 순전히 우연한 기회에 재회했다.
opp. **on purpose** 고의로 0323 참고

만일, 만약에, 혹시 (= possibly)

▶ 혹시 당신은 브라운 교수를 아십니까?
usage 보통 의문문으로 사용한다.

A(일 등)에 종사하다, A로 바쁘다
(= be occupied with[in] A)

▶ 우리들은 어려운 일에 종사하고 있다.
cf. **be engaged to A** A와 약혼하다
　　우리 형은 에밀리와 약혼했다.

그 자체로서는

▶ 자동차 그 자체로서는 좋거나 나쁘지도 않다. 운전하기 나름이다.
usage 사물에 사용하므로 in itself나 in themselves의 형태 밖에 없다.
cf. **of** *oneself* 혼자서
　　문이 혼자서 닫혔다.

A를 찾다, 찾아 구하다 (= look for A)

▶ 나는 몇 주일 전부터 내 강아지를 찾고 있다.
cf. **search A for B** B를 얻고자 A를 찾다, 수색하다
　　경찰은 극비서류를 찾고자 그 회사를 수색했다.
syn. **feel for A** A를 손으로 더듬어 찾다
　　그는 컴컴한 방에서 손으로 더듬어 전등 스위치를 찾았다.

0545 ☐ **be familiar with A**

▶ We **are familiar with** the legend of Robin Hood.

(cf.) The legend of Robin Hood **is familiar to** us.

0546 ☐ **be known to A**

▶ The name of the pianist **is known to** everybody.

(cf.) A man **is known by** the company he keeps.

0547 ☐ **be in need of A**

▶ You **are in need of** a holiday.

(cf.) A friend **in need** is a friend indeed.

0548 ☐ **pass away**

▶ I'm sorry to hear that your mother **passed away**.

0549 ☐ **upside down**

▶ He turned the table **upside down**.

(+α) He was wearing his T-shirt **inside out**.

0550 ☐ **pay A for B**

▶ I **paid** $200 **for** this bag.

(cf.) He will have to **pay for** his crime.

A를 잘 알다 (= be at home with[in] A 0509 참고)

▶ 우리는 로빈 후드의 전설을 잘 알고 있다.

cf. be familiar to A A(사람)에게 잘 알려져 있다
로빈 후드의 전설은 우리에게 잘 알려져 있다.

A(사람)에게 알려지다

▶ 그 피아니스트의 이름은 모든 사람들에게 알려져 있다.

cf. be known by A A에 의하여 식별되다
사람은 친하게 지내는 친구를 보면 알 수 있다. (격언)

A를 필요로 하다 (= be in want of A)

▶ 당신은 휴가가 필요하다.

cf. in need 어려울 때의
어려울 때의 친구가 진실한 친구이다.

(사람이) 죽다, 사별하다 (= die)

▶ 어머님이 돌아가셨다는 소식에 애도의 뜻을 전합니다.

cf. pass out 의식을 잃다, 술이 만취되어 정신을 잃다

거꾸로, 뒤집혀

▶ 그는 테이블을 (위 아래를) 거꾸로 뒤집었다.

+α inside out (안과 겉을) 뒤집어
그는 셔츠를 뒤집어 입고 있었다.

B의 대금으로 A(금액)를 지불하다

▶ 나는 이 가방에 200 달러를 썼다[지불했다].

cf. pay for A A의 대금을 지불하다, A의 보상을 하다
그는 자기의 죄에 대한 대가를 지불해야 할 것이다.

0551 □ compare A with B

▶ Please don't **compare** me **with** my brother.

(cf.) Life is often **compared to** a voyage.

0552 □ compared with A / compared to A

▶ **Compared with** her sister, she isn't very punctual.

0553 □ tell on A

1. His age is beginning to **tell on** him.
2. I'll **tell on** you when the teacher comes back.

0554 □ think better of A

1. I was going to call him, but **thought better of** it.
2. I **thought better of** him after the meeting.

0555 □ go on *doing*

▶ He **went on working** without a break last night.

(syn.) **Go on with** your work.

(cf.) After welcoming the freshmen, the principal **went on to explain** the school rules.

A와 B를 비교하다

▶ 나와 형을 비교하지 마세요.
[cf.] 1. **compare A to B** A를 B로 예를 들다
인생은 곧잘 항해로 비유된다.
2. **compare with A** A에 견주다 0803 참고

A와 비교하면 (= in comparison with A)

▶ 그녀의 여동생과 비교해, 그녀는 그다지 시간을 지키지 않는다.
usage as compared with A로 되는 경우도 있다.

¹A(사람)의 몸에 영향을 끼치다 ²A(사람)의 일을 일러바치다

1. 그는 나이를 먹어가는 것을 신체적으로 느끼기 시작하고 있다.
2. 선생님이 돌아오면 널 일러바칠 거야.

¹생각을 고쳐 A를 그만두다 ²A(사람 등)를 다시 보다

1. 나는 그에게 전화를 걸려고 했으나, 생각을 고쳐 그만두었다.
2. 그 회의 이후 나는 그를 다시 보았다.

~ 하는 것을 계속하다

▶ 그는 어제 저녁에 쉬지도 않고 계속 일했다.
[syn.] **go on with A** A(일 등)를 계속하다
(당신의) 일을 계속하세요.
[cf.] **go on to** *do* 다음에 ~하다
신입생을 환영한 후에 교장은 다음으로 교칙을 설명했다.

0556 ☐ **seldom, if ever / rarely, if ever**

▶ He **seldom, if ever**, goes to the barber's.

0557 ☐ **little, if any**

▶ There is **little**, **if any**, wine left in the bottle.

(cf.) Very **few** people, **if any**, support this idea.

0558 ☐ **if any**

▶ Correct errors, **if any**.

(cf.) John's hair is not black; **if anything**, it is brown.

0559 ☐ **be concerned about A**

▶He **is concerned about** his father's illness.

(cf.) This book **is concerned with** the rise of the middle classes.

0560 ☐ **convince A of B**

▶ He tried to **convince** them **of** his innocence.

(usage) I am **convinced of** his innocence.

만약 있다 하더라도 결코 ~아니다

▶ 그는 이발소에 갈 일이 있다 하더라도, 결코 가지 않는다.

(양에 있어서) 만약 있다 하더라도 거의 ~없다

▶ 그 병에는 와인이 있다 하더라도 거의 남아 있지 않다.

[cf.] few, if any (수에 있어서) 만약 있다 하더라도 거의 ~없다
이 생각을 지지하는 사람은 만약 있다 하더라도 거의 없다.

만약 있다면

▶ 만약 오류가 있다면 교정하세요.

[cf.] if anything 어떤 쪽이냐 하면
존의 머리는 검지 않다. 어떤 쪽이냐 하면 갈색이다.

A에 관해 걱정하다 (= be worried about A 0014 참고)

▶ 그는 아버지의 병을 걱정하고 있다.

[cf.] be concerned with A A를 취급하다, 다루다
이 책은 중간계급의 부흥을 다루고 있다.

A(사람)에게 B를 확신시키다, 납득시키다

▶ 그는 자기의 무죄를 그들에게 납득시키려고 했다.

usage be convinced of A (A를 확신하다)의 형태가 많이 사용된다.
나는 그의 무죄를 확신하고 있다.

0561 ☐ **drop in on A**

> ▶ I'm going to **drop in on** her next week.

0562 ☐ **impose A on B**

> ▶ The government **imposed** a new tax **on** farmers.
> (cf.) I don't mean to **impose on** you, but could you please lend me some money?

0563 ☐ **occur to A**

> ▶ A good idea **occurred to** me.
> (cf.) I **hit on** a good idea.

0564 ☐ **keep A to** *oneself*

> ▶ Please **keep** this information **to yourself**.
> (cf.) I'd like to **have** a study **to myself**.

0565 ☐ **catch hold of A / take hold of A**

> ▶ I threw the rope and she **caught hold of** it.
> (+α) I've been trying to **get hold of** you since the morning.

A(사람)가 있는 곳에 잠시 들르다

▶ 다음 주에 나는 그녀가 있는 곳에 잠시 들를 것이다.
[cf.] **drop in at A** A(집이나 가게 등)에 잠시 들르다

A(세금 등)를 B에게 부과하다, 밀어 붙이다

▶ 정부는 농민에게 새로운 세금을 부과하였다.
[cf.] **impose on A** A에게 떠맡기다, 강요하다
당신에게 강요할 생각은 없지만 돈 좀 빌려 주시겠습니까?
[syn.] **force A on B** A를 B(사람)에게 강요하다, 떠맡기다

(생각 등이) A(사람)에게 떠오르다 (= strike A)

▶ 나에게 좋은 생각이 떠올랐다[생각났다].
[cf.] **hit on A** A(생각 등)가 생각나다, 머리에 떠오르다
나는 좋은 생각이 머리에 떠올랐다.

A를 비밀로 해두다

▶ 이 정보를 비밀로 해두세요.
[cf.] **have A to** *oneself* 자기 전용의 A를 갖다
나는 내 전용 서재를 갖고 싶다.

A를 움켜쥐다, 붙잡다

▶ 나는 밧줄을 던졌고 그녀는 그것을 움켜쥐었다.
[+α] **get hold of A** A를 잡다, A와 연락을 취하다, A를 손에 넣다
오늘 아침부터 계속 당신과 연락을 취하려고 했다.

0566 ☐ **come about**

> ▸ How did the plane crash **come about**?
> (cf.) Science has **brought about** many changes in our lives.

0567 ☐ **make the best of A**

> ▸ We had to **make the best of** our small house.
> (cf.) **Make the most of** your time.

0568 ☐ **for the purpose of** *do*ing

> ▸ She went to Los Angeles **for the purpose of studying** dancing.

0569 ☐ **for the sake of A / for** *one's* **sake**

> ▸ He stopped smoking **for the sake of** his health.

일어나다, 생기다 (= happen, occur)

▶ 그 비행기 추락사고는 어떻게 발생했습니까?

cf. **bring about A / bring A about** A를 초래하다 (= cause A)
과학은 우리들의 생활에 많은 변화를 초래했다.

A(불리한 상황)를 될 수 있는 대로 이용하다, A로 어떻게든 참다

▶ 우리는 작은 집에서 어떻게든 참고 지내야 했다.

cf. **make the most of A** A를 최대한 이용하다
자신의 시간을 최대한 사용하세요.

~할 목적으로 (= with a view to doing)

▶ 그녀는 춤을 공부할 목적으로 로스앤젤레스로 갔다.

A의 이익을 위하여

▶ 그는 건강을 위해 담배를 끊었다.

= **for the benefit of A, for the good of A,
in the interests[interest] of A**

0570 □ **all the time**

1. Some children play video games **all the time**.
2. Last August it rained **all the time**.

0571 □ **give way to A / give in to A**

▶ I'm determined never to **give way to** temptation.

(cf.) Nobody thought that the bridge would **give way**.

0572 □ **hold *one's* breath**

▶ We **held our breath** and waited for the result of the experiment.

0573 □ **hold *one's* tongue**

▶ **Hold your tongue**, or you'll be killed.

0574 □ **make much of A**

1. Her parents **make much of** family background.
2. I couldn't **make much of** the President's speech.

(+α) He **makes nothing of** walking 20 miles.

¹언제든지, 항상 (= always) ²(어떤 특정한 기간) 계속

1. 어떤 어린이들은 늘 비디오 게임을 하고 있다.
2. 지난 8월에는 계속 비가 내렸다.

A(사람·요구 등)에 굴하다 (= yield to A, submit to A)

▶ 나는 유혹에 결코 굴하지 않는다.
point 원래 'A에 길을 양보하다' 라는 뜻.
[cf.] **give way** 부서지다
　　그 다리가 부서질 것이라고는 아무도 생각하지 않았다.

숨을 죽이다

▶ 우리는 숨을 죽이고 그 실험의 결과를 기다렸다.

입을 다물다

▶ 조용히 해[입을 다물어]. 그렇지 않으면 넌 죽을거야.

¹A를 중시하다 (= think much [highly] of A 0503 참고)
²A를 잘 이해하다

1. 그녀의 부모는 가계를 중시한다.
opp **make little[light] of A** A를 경시하다
2. 나는 대통령의 연설을 잘 이해할 수 없었다.
+α **make nothing of A** A를 전혀 이해할 수 없다, 대단치 않게 여기다
　　그는 20마일 걷는 것쯤은 대단치 않게 여긴다.

0575 ☐ **part with A**

▶ I was sorry to **part with** the diamond ring.

(cf.) She cried when she **parted from** her boyfriend.

0576 ☐ **put A into practice**

▶ He managed to **put** his idea **into practice**.

(+α) The law will be **put into effect** next April.

0577 ☐ **for sale**

▶ This picture is not **for sale**.

(cf.) The newest model is now **on sale** at local shops near you.

0578 ☐ **in charge of A**

▶ Dr. Barron is **in charge of** this patient.

(cf.) This patient is **in the charge of** Dr. Barron.

(syn.) No teacher wants to **take charge of** the class.

0579 ☐ **be sensitive to A**

▶ Japan **is sensitive to** criticism from the States.

A(물건)에서 손을 떼다

▶ 나는 다이아몬드 반지에서 손을 떼는 것이 슬펐다.

(cf.) **part from A** A(사람)와 헤어지다
   그녀는 남자친구와 헤어질 때 울었다.

A(이론 · 계획 등)를 실행에 옮기다

▶ 그는 자기의 생각을 어떻게든 실행에 옮길 수가 있었다.

(+α) **put A into effect** A(법률)를 시행하다
   그 법안은 내년 4월부터 시행될 예정이다.

판매용의

▶ 이 그림은 비매품이다.

(cf.) **on sale** 세일 중, 판매 중
   그 최신 모델은 당신 집 근처 가게에서 현재 판매 중이다.

A를 돌봐주다, A를 담당하다

▶ 바이론 의사가 이 환자를 담당하고 있다.

(cf.) **in the charge of A** A에게 맡겨져 있다, A가 담당하고 있다
   이 환자는 바이론 의사 담당이다.

(syn.) **take charge of A** A를 인수하다
   어느 선생님도 그 수업을 담당하고 싶어하지 않는다.

A에 민감하다, 신경과민이다

▶ 일본은 미국의 비판에 민감하다.

0580 ☐ **be curious about A**

▶ The boy **is curious about** the origin of life.

0581 ☐ **excuse A for B**

▶ **Excuse** me **for** coming late.
(cf.) Will you **excuse** me **from** tennis practice?
(+α) He is always **excusing himself for** being late for class.

0582 ☐ **result from A**

▶ The flood **resulted from** yesterday's heavy rain.
(cf.) Yesterday's heavy rain **resulted in** the flood.

0583 ☐ **when it comes to A**

▶ He's good at most sports, but **when it comes to** tennis, he can't beat me.

0584 ☐ **So much for A**

▶ **So much for** that topic — let's talk about something else.

A를 알고 싶어하다

▶ 그 소년은 생명의 기원에 관하여 알고 싶어한다.

point be curious to *do* ~하고 싶어하다

B의 일로 A(사람)를 용서하다, 봐주다

▶ 지각한 것을 용서하십시오.

usage 작은 과오를 크게 보아줄 때에 사용한다.

syn. forgive A for B B의 일로 A(사람)를 용서하다 0241 참고

cf. excuse A from B A(사람)에서 B(의무 등)를 면제하다

테니스 연습을 쉽게 해 주시겠습니까?

+α excuse *oneself* for A A의 변명을 하다

그는 언제나 수업에 지각하면 변명을 늘어 놓는다.

A의 결과로서 생기다, 일어나다 (= be caused by A)

▶ 어제의 폭우 때문에[폭우의 결과로서] 홍수가 일어났다.

cf. result in A A라는 결과가 된다

어제의 폭우로 홍수가 일어났다.

A의 이야기가 나오면, A에 있어서는

▶ 그는 대부분의 스포츠에 능하지만, 테니스에 있어서는 나에게 이기지 못한다.

A는 이것으로 끝내자

▶ 그 화제는 이것으로 끝내기로 하고, 무언가 다른 이야기를 하자.

0585 ☐ **take over A / take A over**

▶ He **took over** the business from his father.

0586 ☐ **leave A alone / let A alone**

▶ **Leave** them **alone**; they are honeymooners.

0587 ☐ **approve of A**

▶ I don't **approve of** your smoking in bed.

0588 ☐ **look out (for A)**

▶ **Look out!** There is a car coming!

0589 ☐ **to *one's* taste / to *one's* liking**

▶ He found no ties **to his taste**.

0590 ☐ **bring A home to B**

▶ You should **bring home to** him the value and pleasure of reading.

(cf.) The importance of mutual understanding has **come home to** me.

A(일 등)를 인계받다

▶ 그는 아버지로부터 사업을 인계 받았다.

A에 간섭하지 않다, A를 놔두다

▶ 그들을 방해하지 말고 놔두세요. 그들은 신혼부부에요.

cf. **let alone ~** 하물며 ~아니다 0309 참고

A를 승인하다, 좋다고 생각하다

▶ 나는 네가 침대에서 담배 피우는 것을 좋다고 생각하지 않는다.

opp. **disapprove of A** A를 인정하지 않다, A를 좋다고 생각하지 않다

(A에게) 조심하다 (= watch out (for A))

▶ 조심하세요! 차가 오고 있어요!

usage 보통 명령문으로 사용한다.

입맛에 맞는

▶ 그는 자기의 입맛에 맞는 넥타이를 발견하지 못했다.

usage 의문문, 부정문으로 사용할 때가 많다.

A를 B(사람)에게 절실하게 느끼게 하다, 충분히 이해시키다

▶ 당신은 그에게 독서의 가치와 즐거움을 충분히 이해시켜야 한다.

usage A가 길면 bring home to B A 의 어순이 될 때가 많다.

cf. **come home to A** A(사람)에게 절실하게 느끼게 되다, 잘 알다
난 상호이해의 중요성이 잘 이해되었다.

point home은 '가슴에 사무치게, 절실하게' 라는 뜻의 부사.

229

0591 ☐ **all things considered**

▸ **All things considered**, the food at the party was not so bad.

0592 ☐ **see much of A**

▸ I haven't **seen much of** him lately.

0593 ☐ **stand out**

1. His red shirt **stood out** in the crowd.
2. Among mystery writers, Agatha Christie **stands out** as a real master.

0594 ☐ **respond to A**

1. He didn't **respond to** my question.
2. She **responded to** our invitation by smiling.

0595 ☐ **to *one's* surprise / to *one's* astonishment**

▸ **To her surprise**, her handbag was gone.

모든 사항을 고려하면, 결국

▶ 모든 사항을 고려하면, 파티의 식사는 그다지 나쁘지 않았다.

point all things는 의미상의 주어가 된 분사구문.

A를 자주 만나다

▶ 나는 최근 그를 자주 만나지 않았다.

usage 보통 의문문, 부정문으로 사용한다.

+α **see nothing of A** A와 전혀 만나지 않다
see little of A A와 거의 만나지 않다

¹눈에 띄다 ²두드러지다

1. 그의 빨간 셔츠는 군중 속에서 눈에 잘 띄었다.
2. 추리작가 중 애거서 크리스티는 진정한 대작가로서 타의 추종을 불허했다.

¹A에 답하다 (= answer A) ²A에 응하다 (= react ot A)

1. 그는 내 질문에 대답하지 않았다.
2. 그녀는 우리의 초대에 미소로 응했다.

놀랍게도, 놀란 것은

▶ 그녀가 놀란 것은 핸드백이 없어졌다는 것이었다.

usage 의미를 강조한 much to *one's* surprise의 형태도 있다.

+α **to *one's* delight / to *one's* joy** 즐겁게도
to *one's* disappointment 실망스럽게도

0596 ☐ **think of A**

1. I'm always **thinking of** you.
(+α) I'm **thinking of going** to California for the summer.
2. I can't **think of** his fax number.
3. Can you **think of** a good Chinese restaurant around here?

0597 ☐ **keep off A**

1. The sign says, "**Keep off** the grass."
2. We **kept off** the subject of religion.

0598 ☐ **point out A / point A out**

▸ He **pointed out** several mistakes in my essay.
(cf.) It's rude to **point at** people.

0599 ☐ **be eager for A**

▸ He is **eager for** success.
(+α) He **is eager to succeed**.

0600 ☐ **be content with A / be contented with A**

▸ I **am content with** my life.

¹A의 일을 생각하다 ²A를 기억하다 (= remember A)
³A라고 생각하다 (= come up with A 0713 참고)

1. 나는 늘 너에 대해 생각하고 있다.
[+α] **be thinking of** *doing* ~할까 생각하다
        나는 여름에 캘리포니아에 가려고 생각 중이다.
2. 나는 그의 팩스 번호가 머리에 떠오르지 않는다.
3. 이 근처에 맛좋은 중국 요리점이 있습니까?
[cf.] **think of A as B** A를 B로 간주하다, 생각하다 0015 참고

¹A에 가까이 하지 않다
²A(화제 등)를 피하다, A(술·음식 등)를 삼가다

1. 그 표지판에는 "잔디밭에 들어가지 마시오."라고 쓰여 있다.
2. 우리는 종교에 관한 화제를 피했다.

A를 가리키다, 지적하다 (= indicate A)

▶ 그는 내 에세이에서 오류를 여러 개 지적했다.
[cf.] **point at A** A를 가리키다, 손가락질 하다
        사람에게 손가락질 하는 것은 결례다.

A를 열망하다 (= be anxious for A 0524 참고)

▶ 그는 성공을 열망하고 있다.
[+α] **be eager to** *do* ~하고 싶어하다
        그는 성공하고 싶어한다.
[syn.] **be dying for A** A가 갖고 싶어 참을 수가 없다

A에 (흡족하게) 만족하다

▶ 나는 내 생활에 만족하고 있다.
[syn.] **be satisfied with A** A에 만족하다

for 용법 정리(목표·목적)

☐☐ **apply for A**	A(일 등)를 신청하다	(0422)
☐☐ **ask for A**	A(물건)를 요청하다	(0180)
☐☐ **call for A**	A(도움 등)를 큰 소리로 청하다	(0440)
☐☐ **cry (out) for A**	A를 구하여 큰 소리를 내다	(0137)
☐☐ **feel for A**	A를 손으로 더듬어 찾다	(0544)
☐☐ **fish for A**	A(물건)를 찾다	(0936)
☐☐ **hope for A**	A를 희망하다	(0221)
☐☐ **long for A**	A를 갈망하다	(0221)
☐☐ **push for A**	A를 요구하다	(0831)
☐☐ **reach (out) for A**	A를 잡으려고 손을 뻗다	(0696)
☐☐ **run for A**	A에 입후보하다	(0123)
☐☐ **seek for A**	A를 찾다	(0259)
☐☐ **stand for A**	A에 입후보하다	(0123)
☐☐ **wish for A**	A를 바라다	(0221)
☐☐ **yearn for A**	A를 동경하다	(0221)
☐☐ **appeal to A for B**	A(사람)에게 B(도움 등)를 구하다	(0714)
☐☐ **ask A for B**	A(사람)에게 B(물건)를 구하다	(0180)
☐☐ **call on A for B**	A(사람)에게 B를 청하다	(0766)
☐☐ **compete with A for B**	A(사람)와 B를 위해 싸우다	(0706)
☐☐ **contend with A for B**	A(사람)와 B를 위해 싸우다	(0706)
☐☐ **depend on A for B**	A(사람)에게 B를 의존하다	(0112)
☐☐ **look to A for B**	A(사람)에게 B를 기대하다	(0778)
☐☐ **search A for B**	B를 위해 A를 찾다	(0544)
☐☐ **turn to A for B**	A(사람)에게 B를 기대하다	(0778)
☐☐ **be anxious for A**	A를 갈망하다	(0524)
☐☐ **be eager for A**	A를 갈망하다	(0599)
☐☐ **be impatient for A**	A를 갈망하다	(0897)

Step 3

Lead
Idiom 200

0601 □ **free A from B / free A of B**

> ▸ The old man **freed** the little fox **from** the trap.

0602 □ **go about A**

> ▸ He **went about** making a doghouse.

0603 □ **at a glance**

> ▸ I could tell **at a glance** that she was in trouble.

0604 □ **to the effect that** 절

> ▸ He left a note **to the effect that** he was going out for lunch.

0605 □ **of late**

> ▸ We haven't seen her **of late**.

0606 □ **identify A with B**

> ▸ You can't **identify** nationalism **with** fascism.
> (+α) Children tend to **identify with** TV heroes.

A를 B로부터 자유롭게 하다, 해방하다 (= release A from B)

▶ 그 노인은 작은 여우를 올가미로부터 자유롭게 놓아 주었다.

A(일 등)에 착수하다 (= set about A 0675 참고)

▶ 그는 개집을 만드는데 착수했다.
cf. **go about** (소문, 병이) 퍼지다 0712 참고

한 눈에 보아서, 잠깐 보아서

▶ 난 그녀가 곤경에 빠져 있다는 것을 한 눈에 알 수 있었다.

~라는 취지의, 취지로 (= saying that 절)

▶ 그는 점심을 먹으러 간다는 취지의 메모를 남겼다.

최근 (= lately, recently)

▶ 최근에 우리는 그녀를 보지 못했다.
usage 보통 현재완료형과 같이 사용한다.

A를 B와 동일시하다

▶ 내셔널리즘을 파시즘과 동일시 해서는 안된다.
+α **identify with A** (자기를) A와 동일시하다
아이들은 텔레비전의 영웅들과 동일시하려 든다.

0607 ☐ **the other way around / the other way round**

▶ She said that her husband hit her, but in fact it was **the other way around**.

0608 ☐ **as yet**

▶ **As yet** we have not made any plans for the holidays.

0609 ☐ **on average**

▶ Each year the world's population increases **on average** by two percent.

0610 ☐ **in search of A**

▶ The birds flew south **in search of** warmth.

0611 ☐ **for a change**

▶ Let's go to a Chinese restaurant **for a change**.

0612 ☐ **get on *one's* nerves**

▶ I didn't feel like studying because the noise outside was **getting on my nerves**.

거꾸로, 반대로

▶ 그녀는 남편이 그녀를 구타했다고 말했지만, 사실은 그 반대였다.

아직, 지금까지는 (= up to now, so far 0136 참고)

▶ 지금까지는 우리는 어떤 휴가 계획도 세우고 있지 않다.
usage 보통 부정문 또는 의문문으로 사용한다.

평균하여

▶ 세계의 인구는 매년 평균 2퍼센트씩 증가하고 있다.
usage on an average, on the average와 같이 관사가 들어가는 경우가 있다.

A를 찾아서, 구하여

▶ 새들은 따스함을 찾아 남쪽으로 날아갔다.
syn. in pursuit of A A를 추적하여, 추구하여

기분 전환을 위하여, 가끔은

▶ 기분 전환 겸 중국 음식 먹으러 가자.

사람의 신경을 건드리다 (= annoy A, irritate A)

▶ 바깥 소음이 신경을 건드려서 공부할 기분이 나지 않았다.

239

0613 ☐ **be crazy about A / be mad about A**

▸ He **is crazy about** skiing.

0614 ☐ **be keen on A**

▸ I **was keen on** classical music in my school days.

0615 ☐ **concentrate on A**

▸ I can't **concentrate on** my work because of the noise.
〔cf.〕 I can't **concentrate** my attention **on** the work.

0616 ☐ **hand down A to B**

▸ This ceremony has been **handed down** from generation **to** generation.

0617 ☐ **force A on B**

▸ You should not try to **force** your ideas **on** others.

A에 열중하다, A를 대단히 좋아하다 (= be keen on A 0614 참고)

▶ 그는 스키를 대단히 좋아한다.
syn. **be addicted to A** A에 중독되다

A에 열중하다 (= be crazy about A 0613 참고)

▶ 난 학생 때 클래식 음악에 열중했었다.
syn. be intent on A (A에 열중하다)에서는 A에 '사람'을 사용할 수 없다.

A에 집중하다, 전념하다 (= focus on A)

▶ 소음 때문에 나는 일에 집중할 수 없다.
cf. **concentrate A on B** A를 B에 집중시키다
  나는 일에 주의를 집중시킬 수 없다.

A를 B(자손 · 후세)에 전하다

▶ 이 의식은 세대에서 세대로 전해져 왔다.

A를 B(사람)에게 강요하다

▶ 타인에게 자기의 생각을 강요하려고 해서는 안된다.
point 원래 'A를 B의 위에 무리하게 놓다' 라는 의미.
syn. **impose A on B** A를 B에게 부과하다, 강요하다 0562 참고

0618 ☐ **separate A from B**

▶ The East Sea **separates** Korea **from** Japan.

0619 ☐ **discourage A from doing**

▶ I **discouraged** my sister **from going** out with the leader of the pack.

0620 ☐ **exchange A for B**

▶ Will you **exchange** this sweater **for** a larger one?

0621 ☐ **recognize A as B**

▶ Everyone **recognizes** the boy **as** a real genius.

0622 ☐ **confuse A with B**

▶ You should not **confuse** business **with** personal affairs.

0623 ☐ **try out A / try A out**

▶ We haven't **tried** the drug **out** on human yet.

A를 B로부터 떨어뜨리다, 분리하다, 격리하다

▶ 동해는 한국과 일본을 가른다.

A(사람)가 ~하는 것을 단념시키다 (= talk A out of *doing* 0505 참고)

▶ 나는 누나가 폭주족의 우두머리와 사귀는 걸 단념시켰다.

A를 B와 교환하다

▶ 이 스웨터를 큰 사이즈와 교환해 주시겠습니까?

+α **in exchange (for A)** (A와) 교환하다 0777 참고

A를 B로 인정하다

▶ 모두가 그 소년을 진정한 천재로 인정하고 있다.

A와 B를 혼동하다 (= mix up A with B / mix A up with B)

▶ 공사를 혼동해서는 안된다.

A(사람 · 물건)를 시험적으로 사용해 보다, A(계획 등)를 시험하여 보다 (= test A)

▶ 그 약은 인간에 대해서는 아직 실험하지 않았다.

0624 ☐ **put ~ emphasis on A / place ~ emphasis on A**

▸ This dictionary **puts** a special **emphasis on** usage.

0625 ☐ **count for nothing**

▸ His proposal **counted for nothing**.

0626 ☐ **stand up for A**

▸ We have to **stand up for** minority rights.

0627 ☐ **trust A with B**

▸ He is not frugal, so you can't **trust** him **with** money.

0628 ☐ **keep an eye on A / keep** *one's* **eye on A**

▸ Could you **keep an eye on** my suitcase for a moment?

0629 ☐ **treat A to B**

▸ She **treated** each of us **to** an ice cream.

A를 중시하다, 강조하다 (= emphasize A)

▶ 이 사전은 특별히 어법에 중점을 두고 있다.
usage 보통 emphasis 앞에 형용사가 온다.

전혀 중요하지 않다, 가치가 없다 (= be of no value)

▶ 그의 제안은 전혀 가치가 없었다.
usage count for little (거의 가치가 없다), count for much (크게 가치가 있다)라는 형태도 있으며, 후자는 부정문으로 사용한다.

A(사람·권리 등)를 지키다, 옹호하다 (= defend A)

▶ 우리는 소수의 권리를 지켜주어야 한다.

A(사람)에게 B(돈 등)를 맡기다, 위임하다

▶ 그는 절약하지 않으므로, 돈을 맡겨서는 안된다.
usage trust B to A의 형태도 있다.

A를 감시하다

▶ 잠시 제 여행 가방을 봐주시겠습니까?

A(사람)에게 B를 대접하다

▶ 그녀는 우리들 각각에게 아이스크림을 대접하였다.
usage treat B A의 어순은 될 수 없다.

0630 ☐ **be strict with A**

▶ She **was** very **strict with** her children.

0631 ☐ **drop A a line**

▶ **Drop** me **a line** when you get there.

0632 ☐ **let down A / let A down**

▶ You can trust John. He will never **let** you **down**.

0633 ☐ **in (the) light of A / in view of A**

▶ **In light of** his youth, the police have decided not to charge him.

0634 ☐ **with the result that 절**

▶ I was late for the meeting, **with the result that** I missed the most important part.

0635 ☐ **on the part of A**

▶ There was no objection **on the part of** those present.
usage There is no objection **on my part**.

246

A(사람)에 엄하다

▶ 그녀는 자신의 자녀들에게 대단히 엄했다.
(syn.) **be hard on A** A에게 모질게 굴다 0825 참고

A(사람)에게 짧은 편지를 보내다

▶ 거기에 도착하면 편지 주세요.
point a line은 '짧은 편지' 라는 뜻.

A(사람)를 실망시키다 (= disappoint A)

▶ 존을 믿어도 좋아요. 그는 결코 당신을 실망시키지 않을 거에요.

A를 고려하여 (= considering A)

▶ 그가 젊다는 것을 고려해서, 경찰은 그를 고발하지 않기로 결정했다.
point light는 '생각하는 법, 관점' 이라는 뜻.

그 결과

▶ 나는 회의에 늦어 가장 중요한 부분을 놓쳤다.
(cf.) as a result (그 결과로서 0271 참고)는 부사구.

A편에서는, A편의

▶ 출석자 편에서는 반대가 없었다.
usage on *one's* part의 형태도 될 수 있다.
　　　　내 편에서는 반대 의견은 없습니다.

0636 ☐ **be all thumbs**

▶ When I was a kid, I **was all thumbs**.

0637 ☐ **drive A mad**

▶ Her remark **drove** him **mad**.

0638 ☐ **along with A**

▶ **Along with** his children, he fled the country.

0639 ☐ **cut in**

▶ Please don't **cut in** while I'm talking with him.

0640 ☐ **go together**

▶ Fish and red wine don't **go together**.

0641 ☐ **be common to A**

▶ Mischief **is common to** most children.

손재주가 없다 (= be clumsy)

▶ 나는 어린 시절에 손재주가 없었다.

point '손가락이 모두 엄지 손가락' 즉, '재주가 없음' 을 뜻한다.

A를 화나게 하다, A를 미치게 하다 (= drive A crazy)

▶ 그녀의 발언은 그를 화나게 했다.

point drive는 S+V+O+C 어순으로 'O를 C하게 하다' 라는 의미.

A(사람)와 같이, A(사물)에 더하여 (= together with A)

▶ 그는 그의 자녀들과 같이 망명했다.

이야기에 끼어 들다 (= interrupt)

▶ 내가 그와 이야기하는 동안 이야기에 끼어 들지 마세요.

cf. **break into A** A(대화 등)를 훼방놓다 0436 참고

잘 맞다, 어울리다

▶ 생선과 레드 와인은 맞지 않는다.

point '같이 가다' 라는 의미에서 '어울리다' 라는 뜻이 된다.

cf. **go with A** A(사물)에 어울리다, 조화되다 0273 참고

A에 공통되다

▶ 장난은 대부분의 어린이들에게 공통된다.

Step **3** *Lead* Idiom 200 / 21st

0642 ☐ **be essential to A**

▸ The telephone **is essential to** modern life.

0643 ☐ **catch *one's* eye**

▸ The dress is in the window **caught my eye**.

0644 ☐ **behave *oneself***

▸ You are old enough to **behave yourself**.

0645 ☐ **come to the conclusion that** 절

▸ I **came to the conclusion that** I had been deceived.

0646 ☐ **for God's sake**

▸ **For God's sake**, don't tell it to anyone.

0647 ☐ **go so far as to *do***

▸ He **went so far as to call** me a liar.

A에 빠져서는 안되다, 필수적이다 (= be indispensable to A)

▶ 전화는 현대생활에 필수적이다.

A의 주의를 끌다 (= attract *one's* attention)

▶ 진열장의 드레스가 내 눈을 끌었다.
usage eye가 단수형임에 주의.

(어린이들이) 행실을 바르게 하다

▶ 넌 행실을 바르게 할 만큼 컸다.

~라고 하는 결론에 달하다

▶ 나는 내가 사기를 당했었다는 결론에 도달했다.
usage come to 대신에 arrive at이나 reach도 사용한다.

원하건대

▶ 원하건대 아무에게도 이야기하지 마세요.
usage God's 대신 Christ's, goodness', heaven's 등도 있다.

~까지 하다

▶ 그는 나를 거짓말쟁이라고까지 말했다.
point so far as~는 '~까지'라는 뜻으로, 원래 '~하는 데까지 가다'라는 의미.

0648 ☐ **be in the right**

▶ I think that he **is in the right** in this dispute.

0649 ☐ **one of these days**

▶ **One of these days** the singer will be famous.

0650 ☐ **prohibit A from _do_ing**

▶ The government **prohibits** us **from carrying** guns without a license.

0651 ☐ **have a sweet tooth**

▶ My sister **has a sweet tooth**.

0652 ☐ **be hard of hearing**

▶ Could you speak louder? I**'m hard of hearing**.

0653 ☐ **express _oneself_**

▶ The writer is very popular, because he **expresses himself** well.

(언사가) 옳다

▶ 나는 이 토론에서의 그의 언사가 옳다고 생각한다.
opp. **be in the wrong** (언사가) 틀리다

가까운 시일 내에, 머지않아

▶ 그 가수는 머지않아 유명하게 될 것이다.

(법률 등이) A(사람)에게 ~하는 것을 금하다

▶ 정부는 허가증 없이 총을 휴대하는 것을 금하고 있다.

단 것을 좋아하다

▶ 내 여동생은 단 것을 좋아한다.
point tooth는 '취미, 기호' 라는 뜻.

귀가 멀다

▶ 좀 더 큰 소리로 말해 주시겠습니까? 저는 귀가 멀었어요.
point '청각에 곤란한 점이 있다' 가 원래의 뜻.

자기의 생각 · 감정을 말하다

▶ 그 작가는 자기 표현을 잘하므로 대단히 인기가 있다.

0654 ☐ **stare at A**

▶ They **stared at** her swimming suit in amazement.

0655 ☐ **glance at A**

▶ She passed by without **glancing at** me.

0656 ☐ **be preferable to A**

▶ A conservative tie **is preferable to** a loud one for a job interview.

0657 ☐ **no better than A / little better than A**

▶ That fortune-teller is **no better than** a liar.

0658 ☐ **hold out**

▶ The lost boy **held out** until the rescue team came.

A를 빤히 보다, 응시하다

▶ 그들은 그녀의 수영복을 놀라서 빤히 쳐다봤다.

A를 흘긋 보다 (= take a glance at A)

▶ 그녀는 나를 흘긋 보지도 않고 (내 옆을) 지나쳐 버렸다.

A보다 좋아하다, 선호하다

▶ 취업 면접에서는 요란한 넥타이 보다도 수수한 넥타이 쪽이 선호된다.

A와 마찬가지로

▶ 점쟁이는 거짓말쟁이와 마찬가지다[다를 바 없다].
usage A에는 a thief (도둑), a fool (어리석은 사람) 등 좋지 않은 것이 온다.

마지막까지 견디다, 계속 저항하다 (= hold on 0441 참고)

▶ 길 잃은 소년은 구조대가 올 때까지 견디며 기다렸다.

0659 □ **out of control**

▶ The crowd got **out of control** and broke through the fence.

0660 □ **out of (one's) reach / beyond (one's) reach**

▶ Keep this medicine **out of the children's reach**.

0661 □ **in fashion**

▶ You may think those shoes are **in fashion** but they aren't.

0662 □ **close to A**

▶ We live **close to** the station.
usage Spanish is **close to** Italian.

0663 □ **take pains**

▶ We have to **take** great **pains** to make our guests feel comfortable.

0664 □ **in spite of oneself**

▶ During the class she fell asleep **in spite of herself**.

통제 불능의 (= out of hand 0835 참고)

▶ 군중은 통제 불능이 되어 울타리를 뚫었다.

usage '~이 되다' 라는 뜻의 get이나 go의 바로 뒤에 사용되는 경우가 많다.

(사람의) 손에 닿지 않는 곳에

▶ 이 약을 어린이들의 손에 닿지 않는 곳에 보관하세요.

opp. within (one's) reach (사람의) 손에 닿는 곳에

유행하는

▶ 당신은 그런 신발이 유행이라고 생각할지 몰라도 사실 그렇지 않아요.

opp. out of fashion 유행하고 있지 않는

A에 가깝다

▶ 우리들은 역 가까이에 살고 있다.

usage 거리 뿐 아니라 시간 · 정도 · 관계 등의 경우에도 사용된다.
스페인어는 이탈리아어에 가깝다

노력하다, 애를 쓰다

▶ 손님들이 편안함을 느낄 수 있도록 큰 노력을 기울이지 않으면 안된다.

usage take pains to do (~하도록 노력하다)의 형태로 많이 쓰인다.

뜻에 반하여, 생각지도 않게

▶ 수업 중에 그녀는 생각지도 않게 잠들어버렸다.

point '자기의 기분에도 불구하고' 라는 뜻에서 '생각지도 않게' 라는 의미가
되었다.

0665 ☐ **consent to A**

▸ Her fathe reluctantly **consented to** her marriage.

0666 ☐ **by halves**

▸ You shouldn't do things **by halves**.

0667 ☐ **in (the) face of A**

▸ She never gave up, even **in the face of** great hardship.

0668 ☐ **lose no time (in) doing**

▸ They **lost no time in getting** the sick man to a hospital.

0669 ☐ **be good for nothing**

▸ His son **is** lazy and **good for nothing**.

0670 ☐ **be characteristic of A**

▸ Such a custom **is characteristic of** the British.

A(계획·제안 등)에 동의하다

▶ 그녀의 아버지는 마지못해 그녀의 결혼에 동의했다.

중도 하차하여 (= incompletely)

▶ 일을 중도하차 해서는 안돼.
usage 보통 부정문으로 사용한다.

A에 직면하여, A에도 불구하고 (= in spite of A 0093 참고)

▶ 심한 어려움에도 불구하고 그녀는 결코 체념하지 않았다.
point face는 '직면' 이라는 뜻.

즉시 ~하다

▶ 그들은 즉시 환자를 병원으로 보냈다.

도움이 되지 않다, 쓸모가 없다 (= be useless)

▶ 그의 아들은 나태하여 쓸모가 없다.
point good은 '충족하다' 라는 뜻으로 '어떤 것에도 충족하지 않다' 가 원래의
뜻.

A의 특성이다 (= be typical of A, be peculiar to A 0305 참고)

▶ 그러한 습관은 영국인의 특성이다.

0671 ☐ **for short**

▶ My name is Robert, so they call me Bob **for short**.

0672 ☐ **take turns**

▶ We **took turns** driving on the way to Busan.

0673 ☐ **in succession**

▶ They won the King's Cup three years **in succession**.

0674 ☐ **at all costs / at any cost**

▶ This right must be protected **at all costs**.

0675 ☐ **set about A**

▶ I **set about** doing the dishes right after breakfast.

0676 ☐ **(at) any moment**

▶ He'll be here **any moment**.

생략하면, 짧게 말하면

▶ 내 이름은 로버트, 그래서 그들은 나를 'Bob'이라고 줄여 부른다.
point '짧게 하기 위하여'가 원래의 뜻.
cf. in short 요컨대 0365 참고

교대로 하다

▶ 우리는 부산까지 교대로 운전했다.
point turns는 명사로 '순번'이라는 뜻.

차례로, 연속하여 (= in a row, on end 0328 참고)

▶ 그들은 3년 연속 킹스 컵에서 우승했다.
point succession은 '연속'이라는 뜻.

필히, 어떤 희생을 지불하더라도

▶ 이 권리는 어떤 희생을 치르더라도 보호되어야 한다.
point cost는 '희생'이라는 뜻.
cf. at the cost[expense] of A A를 희생으로 하여 0222 참고

A에 착수하다, 시작하다 (= go about A 0602 참고)

▶ 나는 아침식사 후에 곧 설거지를 시작했다.
usage A에는 동명사를 사용할 때가 많다.

언제든지, 지금 당장이라도 (= (at) any minute)

▶ 그는 지금 당장이라도 여기에 도착할 것이다.

0677 ☐ **be inclined to *do***

1. I**'m inclined to accept** their invitation.
2. He **is inclined to sing** a song when he is happy.
(syn.) My father **is liable to get** angry with anybody.

0678 ☐ **at short notice**

▶ I had to make a speech **at short notice**.

0679 ☐ **by degrees**

▶ My father is getting better **by degrees**.

0680 ☐ **except for A / short of A**

1. The bus was empty **except for** one elderly woman.
2. I would leave the country now **except for** my parents.

0681 ☐ **all but ~**

1. The party was **all but** over when I arrived.
2. I've finished reading **all but** the final chapter.

¹~하고 싶어지다, ~ 하려고 생각하다 (= feel like *do*ing 0155 참고)
²~하는 경향이 있다 (= be apt to *do* 0435 참고)

1. 나는 그들의 초청을 받아들이고 싶다.
2. 그는 기분 좋을 때에는 노래를 부르는 경향이 있다.

syn. be liable to *do*, be prone to *do*는 좋지 않은 경향에 사용한다.
우리 아버지는 아무에게나 곧잘 화를 내신다.

예고 없이, 갑자기

▶ 나는 갑자기 연설을 해야만 했다.
point notice는 '예고' 라는 뜻.

차츰, 서서히 (= gradually, little by little)

▶ 아버지는 서서히 회복 중에 있다.

¹A를 제외하면, A를 별도로 하여 (= apart from A, aside from A 0397
참고) ²A가 아니면 (= but for A)

1. 한 사람의 노부인을 제외하면 버스는 비었다.
2. 내 부모만 아니었어도 나는 지금이라도 이 나라를 떠날텐데.

¹거의 ~ (= almost ~) ²~ 외에는 모두

1. 내가 도착할 때 파티는 거의 끝나고 있었다.
usage 형용사·부사·동사의 앞에 둔다.
2. 나는 마지막 장을 제외하고 다 읽었다.
usage 명사의 앞에 둔다. but은 전치사로 '~이외' 라는 의미.

0682 ☐ go a long way / go far

▶ This advice of yours will **go a long way** toward solving the problem.

0683 ☐ as follows

▶ The results were **as follows**: Korea 1st, Spain 2nd, Italy 3rd.

0684 ☐ for a rainy day

▶ It would be wise of you to save money **for a rainy day**.

0685 ☐ in contrast to[with] A

▶ **In contrast to** her, her husband didn't seem to be enjoying the shopping.

0686 ☐ have a high opinion of A / have a good opinion of A

▶ The boss **has a high opinion of** his secretary.

크게 도움이 되다, 성공하다

▶ 너의 이 충고는 문제 해결에 큰 도움이 될 것이다.

다음과 같이

▶ 결과는 다음과 같다 : 1위 한국, 2위 스페인, 3위 이탈리아
usage 보통 뒤에 : (콜론)이나 ; (세미콜론)을 붙여 열거한다.

만약의 경우에 대비해서

▶ 만약의 경우에 대비해서 돈을 모아두는 것이 현명하다.
point 원래 '비오는 날을 대비해' 라는 뜻.

A와는 대조적으로

▶ 그녀와는 대조적으로, 그녀의 남편은 쇼핑을 즐기는 것처럼 보이지 않았다.
usage to A나 with A를 생략하고, in contrast의 형태로 쓰는 경우도 많다.

A를 높게 평가하다 (= think highly of A 0503 참고)

▶ 그 상사는 그의 비서를 높게 평가한다.
opp. **have a low[bad] opinion of A** A를 낮게 평가하다

0687 ☐ **in practice**

▶ Our plan didn't work **in practice**.

0688 ☐ **in principle**

▶ I'm wondering if you would agree to the plan **in principle**.

0689 ☐ **put forward A / put A forward**

▶ The opposition party **put forward** a bill to reduce income tax.

0690 ☐ **go out with A**

▶ My father doesn't allow me to **go out with** Bill.

0691 ☐ **be guilty of A**

▶ I'm sure he **is guilty of** the murder.

0692 ☐ **at all**

1. Can you swim **at all**?
2. I don't like baseball **at all**.

실제로는 (= in fact 0274 참고, in effect, in reality)

▶ 우리의 계획은 실제로는 잘 이행되지 않았다.
opp) in theory 이론적으로는, 구실상으로는

원칙적으로

▶ 나는 네가 그 계획에 원칙적으로 찬성하는지 궁금하다.

A(의견이나 제안 등)를 내다, 제출하다 (= propose A, put forth A)

▶ 야당은 소득세 감세법안을 제출했다.

A(이성)와 데이트하다, 친하다

▶ 내 아버지는 빌과 데이트하는 것을 허락해 주지 않는다.
point 원래 'A와 같이 외출하다' 라는 뜻.

A의 죄를 범하고 있다, A로 유죄이다

▶ 나는 그가 살인범으로 죄를 지었다고 확신한다.
opp) be innocent of A A의 죄를 범하고 있지 않다, 무죄이다

¹(의문문이나 조건절로) 조금도, 전혀, 아무리 보아도 ²(부정문으로) 전혀

1. 당신은 조금이라도 수영할 수 있습니까?
2. 나는 야구를 전혀 좋아하지 않는다.

0693 ☐ **cling to A**

▸ She was still **clinging to** the hope that her dog would be found alive.

(syn.) Whenever you're in doubt, **stick to** the original plan.

0694 ☐ **get wet to the skin**

▸ We were caught in a shower and **got wet to the skin**.

0695 ☐ **reflect on A**

▸ I have been **reflecting on** what you said to me.

0696 ☐ **reach (out) for A**

▸ The boy **reached out for** another piece of cake.

0697 ☐ **leave out A / leave A out**

▸ Don't **leave** me **out** when you're sending the invitations!

0698 ☐ **on board**

▸ Have all the passengers got **on board** yet?

A(희망·생각 등)에 집착하다, 고집하다

▶ 그녀는 자기의 개가 살아서 발견될 것이라는 희망을 버리지 않고 있었다.

syn. **stick to A** A(주의·결정 등)를 고수하다
　　의심스러울 때마다 원래의 계획을 고집하세요.

point cling, stick는 원래 '붙어서 떨어지지 않다'의 뜻.

흠뻑 젖다 (= get drenched[soaked] to the skin)

▶ 우리들은 소나기를 만나 흠뻑 젖었다.

A를 잘 생각하다 (= think over A / think A over)

▶ 나는 당신이 나에게 말한 것을 쭉 생각해 왔다.

A를 잡으려고 손을 뻗다

▶ 그 소년은 또 다른 케이크를 잡으려고 손을 뻗었다.

A를 생략하다, 포함하지 않다 (= omit A)

▶ 초대장을 보낼 때에는 나를 빼놓지 마세요!

point 원래 '밖에 놔둔 채로 하다'의 뜻.

(수송 수단에) 승차하여 (= aboard)

▶ 손님들 다 타셨습니까?

0699 ☐ **put on airs**

▶ When I first met him, I thought he was **putting on airs**.

0700 ☐ **hold[keep] back A / hold[keep] A back**

1. He's **holding** the real story **back** from us.
2. She was able to **hold back** her anger and avoid a quarrel.

0701 ☐ **as far as A**

▶ They walked **as far as** the next town in an hour.

0702 ☐ **take delight in A / take pleasure in A**

▶ He **takes delight in** playing the violin.

0703 ☐ **to say the least (of it)**

▶ He was rather careless, **to say the least**.

0704 ☐ **in part**

▶ Our success was due **in part** to good luck.

뽐내다, 어깨에 힘을 넣다

▶ 내가 그를 처음 만났을 때, 그가 잘난 체 하고 있다고 생각했다.

point put on A는 'A를 몸에 착용하다', airs는 '잘난 체하는 태도'라는 뜻.

¹A를 감추다 (= conceal A, hide A) ²A(감정 등)를 억제하다

1. 그는 우리들에게 진상을 감추고 있다.
2. 그녀는 노여움을 억제하여 말싸움을 피할 수가 있었다.

A(장소)까지

▶ 그들은 1시간 내에 이웃 마을까지 걸어서 갔다.

usage as far as는 전치사의 역할을 한다.

A에 즐거움을 느끼다

▶ 그는 바이올린을 연주하는 데 즐거움을 느낀다.

아무리 양보해서 말하더라도

▶ 아무리 양보해서 말하더라도 그는 좀 경솔했다.

어느 정도, 부분적으로, 일부분 (= partly, to some extent 0348 참고)

▶ 우리의 성공은 어느 정도는 행운 덕택이었다.

0705 ☐ come to / come (back) to life

▶ The boxer finally **came to** ten minutes after he had been knocked out.

(syn.) Why don't you **come to your senses** and break up with him?

0706 ☐ compete with A for B

▶ The newcomers will have to **compete with** each other **for** a promotion.

0707 ☐ change for the better

▶ Things are **changing for the better**.

0708 ☐ sympathize with A

1. Everyone **sympathized with** the parents about their son's death.
2. I can neither understand nor **sympathize with** your proposal.

0709 ☐ take back A / take A back

1. He sometimes forgets to **take** books **back** to the library.
2. I **take back** my unkind remarks about her.

의식을 회복하다 (= revive)

▶ 그 권투선수는 녹아웃 되고 10분 후에 간신히 의식을 회복했다.

usage come to의 'to'는 부사. come (back) to life의 'to'는 전치사.

syn. **come to** *one's* **senses** 혼동으로부터 깨다, 의식을 회복하다
정신차리고 그런 남자와는 헤어지는게 어때?

A(사람)와 B를 위해 경쟁하다 (= contend with A for B)

▶ 신입 사원들은 승진을 위해 상호 경쟁해야만 한다.

좋은 쪽으로 변하다, 호전하다 (= turn for the better)

▶ 사태는 좋아져 가고 있다.

opp. **change for the worse, turn for the worse** 나쁜 쪽으로 변하다

¹A(사람)에 동정하다 (= feel for A) ²A에 공감하다, 찬성하다

1. 아들을 잃은 그 부모에 대하여 모두가 동정했다.
2. 나는 당신의 제안에 이해도 찬성도 할 수 없다.

¹A를 반환하다 (= return A) ²A를 철회하다 (= withdraw A)

1. 그는 종종 빌린 책을 도서관에 반납하는 것을 잊을 때가 있다.
2. 나는 그녀에 대한 마음에 없는 발언을 철회한다.

point 원래 'A를 원래의 장소로 돌려주다'의 뜻.

.0710 ☐ **set up A / set A up**

1. It took us half an hour to **set up** a tent.
2. The UN was **set up** after World War II ended.

0711 ☐ **put up A / put A up**

1. Can you **put** me **up** tonight?
2. They are **putting up** a new house.

0712 ☐ **go around / go round**

1. The rumor is **going around** that the actress is going to get a divorce.
2. Are there enough cakes to **go around**?

0713 ☐ **come up with A**

1. How did you **come up with** such a good excuse?
2. Be sure to **come up with** a better idea next time.

0714 ☐ **appeal to A**

1. He **appealed to** the judge for mercy.
2. Does the idea **appeal to** you?

¹A를 조립하다 ²A를 설립하다 (= establish A)

1. 우리는 텐트를 조립하는 데 30분 걸렸다.
2. UN은 제2차 세계대전 후에 설립되었다.

¹A(사람)를 재우다 ²A(집 등)를 세우다

1. 오늘 저녁에 재워주시겠습니까?
[cf.] **put up at A** A(집 · 장소)에 머물다 0125 참고
2. 그들은 새 집을 세우고 있다.

¹(소문 · 병이) 퍼지다 (= go about 0602 참고)
²(음식이) 모두에게 골고루 배분되다

1. 그 여자 배우가 이혼한다는 소문이 퍼지고 있다.
2. 모두에게 배분할 만한 케이크가 있습니까?
point around는 '여기저기' 의 뜻으로 '여기저기에 가다' 가 원래의 뜻.

¹A(생각 등)를 생각해내다 (= think of A 0596 참고)
²A를 제안하다 (= propose A)

1. 넌 어떻게 그렇게 훌륭한 변명을 생각해 낸 거야?
2. 다음에는 꼭 보다 좋은 아이디어를 제출해 주세요.

¹A(사람 · 양심 등)에 호소하다 ²A(사람)의 마음에 들다 (= attract A)

1. 그는 재판관에게 자비를 구했다.
usage appeal to A for B (A(사람)에게 B(도움 등)를 청하다)의 형태로 사용할
때가 많다.
2. 그 아이디어는 마음에 듭니까?

0715 ☐ lay off A / lay A off

▸ The automobile company **laid off** 300 workers.

0716 ☐ lay out A / lay A out

1. This building was **laid out** by a famous architect.
2. She **laid out** her birthday presents on the table.

0717 ☐ for the most part

1. Korean cars are **for the most part** reliable.
2. **For the most part** I finish my homework before dinner.

0718 ☐ come out

1. The truth finally **came out** at his trial.
2. His new book is going to **come out** next month.
3. She always **comes out** well in photos.

0719 ☐ catch at A

▸ A drowning man will **catch at** a straw.

A(노동자)를 일시 해고하다

▶ 그 자동차 회사는 300명의 노동자를 일시 해고시켰다.
point lay-off (일시 해고)라는 명사의 뜻도 있다.

¹A(건물, 공원 등)의 설계를 하다 (= design A) ²A를 넓히다, 나열하다

1. 이 빌딩은 유명한 건축가에 의해 설계되었다.
2. 그녀는 생일 선물을 테이블 위에 늘어놓았다.
point '배치, 설계, 레이아웃' 이라는 명사의 뜻도 있다.

¹대부분은 (= mostly)
²(시간에 관하여) 대체적으로, 통상적으로 (= usually)

1. 대부분의 한국차는 신뢰할 수 있다.
2. 나는 숙제를 대체적으로 저녁식사 전에 끝낸다.

¹(사실 등이) 밝혀지다 ²(책이) 출판되다 ³(사진에) 찍혀 있다

1. 그의 재판에서 진실이 드디어 밝혀졌다.
2. 그의 새로운 저서는 내달에 출판될 예정이다.
3. 그녀는 언제나 사진이 잘 찍혀 나온다.
cf. **bring out A** A를 분명하게 하다, 출판하다 0426 참고

A(물건)를 잡으려고 손을 뻗다, A(기회 등)에 덤벼 들다

▶ 물에 빠지면 지푸라기라도 잡는다. (속담)
point 이 경우의 at은 '목표' 를 나타낸다.

0720 ☐ **act on A**

1. These pills **act on** the liver.
2. He **acted on** my advice.

0721 ☐ **in proportion to A**

▸ You get paid **in proportion to** the amount of the work you do.

0722 ☐ **be equipped with A**

▸ The soldiers **were equipped with** weapons.

0723 ☐ **wear out A / wear A out**

1. I was **worn out** because I had to take care of so many children.
2. He **wore out** his jeans in a few weeks.

0724 ☐ **correspond with A**

1. Your account of the accident **corresponds with** the driver's.
2. I **correspond with** several people overseas.
   ⟨cf.⟩ The American Congress **corresponds to** the Japanese Diet.

¹A에 작용하다, 듣다 ²A(주의 · 충고 등)에 따라 행동하다ʾ(= follow A)

1. 이 약은 간장에 작용한다.
2. 그는 내 충고에 따라 행동했다.

Step

3

Lead Idiom 200 / 24th

A에 비례하여 (= according to A 0134 참고)

▶ 당신이 하는 일의 업무량에 비례해 급료가 지불됩니다.

A를 장비하다

▶ 그 군인들은 무장하고 있었다.

• •
• ○

¹A(사람)를 피곤하게 하다
²A를 마모하다, 닳아 없어지게 하다, 써서 낡게 하다

1. 나는 너무나 많은 어린이들을 돌봐주어야 했기 때문에 지쳐버렸다.
usage be worn out (지치다)이라는 수동태로 사용할 때가 많다.
2. 그는 몇 주 안에 청바지를 낡게 만들었다.

¹A와 일치하다 ²A와 편지 왕래하다

1. 당신의 그 사고에 대한 설명은 운전기사의 설명과 일치한다.
2. 나는 여러 명의 외국인과 편지 왕래를 하고 있다.
cf. **correspond to A** A에 해당하다, A에 일치하다
미국 의회는 일본의 국회에 해당하다.

0725 ☐ **go over A**

1. I **went over** his report but couldn't find any mistakes.
2. I always **go over** what I've learned in school on the same day.

0726 ☐ **be in debt to A for B**

1. I'm **in debt to** my uncle **for** $10,000.
2. I'm **in debt to** you **for** your help.

0727 ☐ **attach A to B**

1. I forgot to **attach** a stamp **to** the envelope.
2. I don't **attach** much importance **to** his speech.
(cf.) I'm very much **attached to** the puppy.

0728 ☐ **be in trouble with A**

▶ I **was in trouble with** the police last night.

0729 ☐ **get into trouble**

▶ You'll **get into trouble** if your parents find out.

¹A를 상세히 조사하다 (= examine A) ²A를 반복하다, 복습하다

1. 나는 그의 리포트를 상세히 조사했지만 오류를 발견할 수가 없었다.
2. 학교에서 배운 것은 그 날에 반드시 복습한다.

¹A(사람)에게 B(금액)의 빚이 있다 ²A(사람)에게 B의 일로 은혜를 느끼다 (= be indebted to A for B 0824 참고)

1. 나는 숙부에게 $10,000의 빚이 있다.
(opp.) be out of debt 빚이 없다
2. 나는 너의 도움으로 은혜를 입었다.

¹A를 B에 붙이다. ²A(중요성 등)를 B에 두다

1. 나는 봉투에 우표를 붙이는 것을 깜박했다.
2. 나는 그의 연설을 그다지 중시하지 않는다.
(cf.) be attached to A A에게 애정·애착을 느끼다
    나는 그 강아지에게 큰 애착을 느끼고 있다.

A와 문제가 있다, 분란을 일으키다

▶ 나는 어제 저녁 경찰과 문제가 있었다.
(cf.) be in trouble 곤란에 처하다

골칫거리가 되다, 골머리를 앓다

▶ 부모님이 아시게 되면 당신은 골머리를 앓을 겁니다.
(cf.) get A into trouble A(사람)를 골칫거리로 말려들게 하다

0730 ☐ **break up**

1. John and Mary **broke up** last week.
2. The crowd had **broken up** before the police arrived.

0731 ☐ **at hand**

1. I always keep three dictionaries **at hand**.
2. The examination is near **at hand**.

0732 ☐ **take up A**

1. I **took up** squash only a few months ago.
2. This piano **takes up** too much space.

0733 ☐ **call A to mind / bring A to mind**

1. I remember his face, but I can't **call** his name **to mind**.
2. This song **brings** my childhood **to mind**.

0734 ☐ **make for A**

1. The soldiers were **making for** the enemy camp.
2. Traveling abroad **makes for** international understanding.

¹(관계 · 우정이) 끝나다 ²(회의 · 군중이) 해산하다

1. 존과 메리는 지난 주에 헤어졌다.
+α **break up with A** A(사람)와 절교하다
2. 경찰이 오기 전에 군중은 해산했다.

¹바로 가까이에 ²손 닿는 데에

1. 나는 언제나 사전 3권을 손 닿는 데에 두고 있다.
2. 시험은 눈앞에 닥쳐와 있다.
usage 보통 be near[close] at hand의 형태로 사용한다.

¹A(일 · 취미 등)를 새로이 시작하다, 착수하다
²A(시간 · 장소)를 취하다, 점하다 (= occupy A)

1. 나는 불과 수개월 전에 스쿼시를 시작했을 뿐이다.
2. 이 피아노는 너무나 많은 장소를 차지하고 있다.

¹(사람이) A를 생각하다
²(사물이) A를 생각나게 하다 (= call up A 0141 참고)

1. 나는 그의 얼굴은 기억이 나지만 이름은 생각나지 않는다.
2. 그 노래는 나의 어린 시절을 생각나게 한다.

¹A로 향하여 나아가다 (= head for A)
²A에 도움이 되다, 공헌하다 (= contribute to A 0399 참고)

1. 그 병사들은 적진을 향하여 진격하고 있었다.
point make는 자동사로 '가다' 라는 의미. for는 '~로 향하여'.
2. 해외여행은 국제 이해에 도움이 된다.

0735 ☐ **be subject to A**

1. My sister **is subject to** colds.
2. We **are subject to** the laws of nature.

0736 ☐ **go out**

1. Suddenly the lights **went out**.
2. When miniskirts **go out**, long skirts come in.

0737 ☐ **give out A / give A out**

▶ Will you help me **give out** the programs to those people?

(cf.) The marathon runner's energy **gave out** before he could complete the race.

0738 ☐ **in the air**

1. There are rumors **in the air** that he was fired.
2. Our plan for the weekend is still **in the air**.

0739 ☐ **be related to A / be connected with A**

1. Dutch **is** closely **related to** German.
2. They **are related to** me by marriage.

¹A(병 등)에 걸리기 쉽다, 받기 쉽다 ²A에 종속되다, A 나름이다

1. 우리 누나는 감기에 쉽게 걸린다.
2. 우리는 자연의 법칙에 종속되어 있다.

¹(불·밝기가) 꺼지다 ²(의류 등이) 유행이 지나다 (= go out of fashion)

1. 갑자기 불이 꺼졌다.
(cf.) **put out A** A(불·밝기)를 끄다 0064 참고
2. 미니 스커트 유행이 지나자 롱 스커트가 유행한다.

A를 나눠주다 (= hand out A / hand A out 0833 참고)

▶ 저 사람들에게 프로그램(책) 나눠주는 것을 도와주시겠어요?
(cf.) **give out** (물건이나 힘이) 소진하다, 다하다
그 마라톤 주자의 힘은 완주도 하기 전에 소진되었다.

¹(소문·정보가) 퍼지다 ²미확정인

1. 그가 해고되었다는 소문이 퍼지고 있다.
2. 우리의 주말 계획은 아직 미확정이다.
(cf.) **on the air** 방송 중으로, 방송되어

¹A와 관계가 있다 ²A와 친척이다

1. 네덜란드어는 독일어와 밀접한 관계가 있다.
2. 결혼으로 인해 난 그들과 친척이 되었다.

0740 ☐ **put aside A / put A aside**

1. He **puts aside** a little money each month.
2. There was a knock on the door and she **put aside** her sewing.

0741 ☐ **go by / pass by**

1. Time **goes by** quickly when you're having fun.
2. She stood at the window watching people **go by**.
   (cf.) My uncle **goes by** the name of Big Boss.

0742 ☐ **go off**

1. Don't **go off** without saying good-by.
2. The bomb **went off** at Victoria Station.

0743 ☐ **under way**

▶ The urban-renewal project is now well **under way**.

¹A(돈)를 저축하다 (= save A) ²A를 치우다, 곁에 두다

1. 그는 매월 조금씩 돈을 저축하고 있다.
2. 현관에서 노크 소리가 나자 그녀는 바느질감을 치웠다.

= put by A, put away A, lay aside A

point aside는 '곁에' 라는 뜻이므로, '곁에 두다' 로부터 '저축하다' 가 된다.

¹(시간이) 경과하다 ²통과하다

1. 즐겁게 지내고 있을 때에는 시간이 빨리 지나간다.
2. 그녀는 사람들이 (통과해) 지나는 것을 보면서 창가에 서 있었다.

usage by는 부사.

cf. go by A, pass by A A라는 이름으로 통하다
내 숙부는 '빅 보스' 라는 이름으로 통하고 있다.

¹떠나다 (= leave) ²폭발하다 (= explode), 큰 소리로 울리다

1. 작별 인사도 하지 않고 떠나지 마세요.
2. 빅토리아 역에서 폭탄이 폭발했다.

(계획 등이) 진행 중에 있다 (= in progress)

▶ 도시 재개발 계획은 현재 착실하게 진행 중에 있다.

point 원래 '(배가) 항해 중이다' 라는 뜻.

0744 □ **work on A**

▶ He is **working on** a new novel.

0745 □ **work out A / work A out**

1. He and his wife tried to **work out** their problems, but couldn't.
2. We **worked out** a plan to enlarge the factory.

(cf.) Don't worry. Everything will **work out**.

0746 □ **at any rate / in any case**

▶ We may miss the next bus, but **at any rate** we'll be there before midnight.

0747 □ **at the risk of A**

▶ They protested against the use of nuclear weapons **at the risk of** their lives.

(cf.) Climb mountains **at your own risk**.

0748 □ **require A of B**

▶ I **require** absolute loyalty **of** my employees.

(usage) All passengers are **required to show** their passports.

A(일 등)에 몰두하다

▶ 그는 새로운 소설에 몰두하고 있다.

¹A를 해결하다 (= solve A) ²A를 생각해 내다 (= devise A)

1. 그 부부는 그들의 문제를 해결하려고 노력했지만 실패하였다.
2. 우리는 공장을 확장하는 계획을 고안해 냈다.

(cf.) **work out** 잘 되어가다
걱정하지 말아. 모든 것이 잘 될거다.

하여튼, 하여간, 적어도 (= anyway, in any event, at all events)

▶ 다음 버스를 놓칠지도 모르지만, 하여튼 한밤중 전에는 도착할 것이다.

A의 위험을 무릅쓰고

▶ 그들은 목숨을 걸고 핵무기 사용에 항의했다.

(cf.) **at** _one's_ **own risk** 자기의 책임 하에
등산하려면 자기의 책임 하에 등산하세요.

A를 B(사람)에게 요구하다

▶ 나는 전 종업원에게 절대적인 충성을 요구합니다.

usage **require A to** _do_ A(사람)에게 ~하는 것을 요구하다
모든 탑승객은 여권 제시가 요구됩니다.

syn. **expect A of B** A를 B(사람)에게 기대하다 0280 참고

0749 □ none the less

▶ He has some faults, but I like him **none the less**.

[usage] I like him **none the less for** his faults.

0750 □ clear A of B

▶ We **cleared** the street **of** snow yesterday.

[usage] We **cleared** snow **from** the street.

0751 □ to *one's* advantage

▶ It would be **to your advantage** to study Spanish.

0752 □ attribute A to B / ascribe A to B

▶ He **attributed** his success **to** hard work.

[+α] The play is **attributed to** Shakespeare.

0753 □ be worthy of A

▶ His behavior **is worthy of** respect.

[cf.] His behavior **is worth respecting**.

0754 □ be equal to A

▶ Bill **is equal to** the task of running the firm.

그럼에도 불구하고

▶ 그에게는 결점도 있지만 그럼에도 불구하고 나는 그를 좋아한다.

usage none the less for A (A에도 불구하고)라는 형태도 있다.
  그의 결점에도 불구하고 나는 그가 좋다.

A(장소)로부터 B(물건)를 제거하다, 치우다

▶ 어제 우리는 거리의 눈을 치웠다.

usage clear B from A라는 형태도 있다.

+α relieve A of B A(사람)로부터 B(부담 등)를 제거하다

자기에게 유리하게, 편리하게

▶ 스페인어를 공부하는 것이 너에게 유리할 것이다.

A를 B의 덕분이라 생각하다

▶ 그는 그의 성공을 힘들게 공부한 덕분이라 생각한다.

+α be attributed[ascribed] to A (작품 등이) A의 작품이라고 간주되다
  그 연극은 셰익스피어의 작품이라고 간주되고 있다.

● ●
● ○

A에 어울리다, 가치가 있다, 족하다

▶ 그의 행위는 존경 받을 가치가 있다.

cf. be worth doing ~할 가치가 있다 0135 참고

A(일)의 역량이 있다 (= be up to A 0429 참고)

▶ 빌은 회사 경영의 역량이 있다.

0755 ☐ (The) chances are (that) 절

▶ **The chances are that** she'll quit her job.

0756 ☐ view A as B / see A as B

▶ Workaholics **view** holidays **as** a waste of time.

0757 ☐ be rich in A

▶ The country **is rich in** minerals.

0758 ☐ take A apart

▶ The child **took** the clock **apart** just for fun.
(opp.) It was difficult to **put** the machine **together**.

0759 ☐ decide on A

▶ We **decided on** a trip to Singapore for our vacation.
(opp.) We **decided against** employing the young man.

0760 ☐ have yet to *do* / be yet to *do*

▶ We **have yet to know** the truth.

아마 ~일 것이다 (= probably)

▶ 아마 그녀는 직장을 그만둘 것이다.

A를 B라고 간주하다 (= take A as B) p. 78 참고

▶ 일 중독자는 휴일을 시간 낭비로 간주한다.

A가 많이 있다, A가 풍부하다 (= be abundant in A, abound in A
0832 참고)

▶ 그 나라는 광물 자원이 풍부하다.

A(기계 등)를 분해하다

▶ 그 어린이는 시계를 재미 삼아 분해했다.
(opp.) **put A together** A(기계 등)를 조립하다 (= assemble A)
그 기계는 조립하기가 어려웠다.

A를 결정하다, A하는 것을 결정하다

▶ 우리는 휴가를 이용한 싱가폴 여행을 결정했다.
(opp.) **decide against A** A를 하지 않기로 결정하다
우리는 그 청년을 고용하지 않기로 결정하였다.

아직 ~하지 않고 있다

▶ 우리는 아직 진실을 알지 못하고 있다.
(point) 원래 '아직 이제부터 ~하지 않으면 안된다' 의 뜻.

293

0761 ☐ **more often than not**

> ▶ On Mondays the buses are late **more often than not**.

0762 ☐ **be up to date**

> ▶ In the factory all the equipment **was up to date**.

0763 ☐ **lose face**

> ▶ Because he didn't want to **lose face**, he refused my offer to help him.

0764 ☐ **on fire**

> ▶ The house is **on fire**!
> (+α) Nobody knows who **set** the house **on fire**.

0765 ☐ **on second thought(s)**

> ▶ **On second thoughts** the woman decided not to buy the dress.

0766 ☐ **call on A to *do***

> ▶ The President **called on** everyone **to save** energy.
> (+α) The host **called on** me **for** a speech.

대체로 (= as often as not)

▶ 월요일에는 버스가 대체로 늦는다.

최신이다

▶ 그 공장의 모든 설비는 모두 최신식의 것이었다.
opp. be out of date 구식의, 시대에 뒤진
+α bring A up to date A에게 최신의 정보를 가져오다

체면을 잃다

▶ 그는 체면을 잃고 싶지 않았으므로, 내가 돕겠다는 제의를 거절했다.
opp. save face 체면을 유지하다

화제가 나서, 불타는

▶ 집이 불타고 있다.
+α set A on fire, set fire to A A에 불을 붙이다
아무도 누가 그 집에 불을 질렀는지 모른다.

잘 생각을 고쳐, 재고하여

▶ 그 부인은 다시 생각하고는 드레스를 사지 않기로 했다.
+α give A a second thought A를 잘 생각해 보다

A(사람)에게 ~하도록 부탁하다, 호소하다 (= ask A to do)

▶ 대통령은 (국민) 모두에게 에너지를 절약하도록 호소했다.
+α call on A for B A(사람)에게 B를 구하다 (= ask A for B 0180 참고)
주최자는 나에게 연설을 해달라고 청했다.

0767 ☐ **on the increase**

▷ The population of Sweden is **on the increase**.

(syn.) The economy will be **on the rise** soon.

0768 ☐ **come to an end**

▷ The party **came to an end** at midnight.

(+α) The train suddenly **came to a stop**.

(cf.) We should **put an end to** terrorism.

0769 ☐ **cut down A / cut A down**

▷ You had better **cut down** your living expenses.

(syn.) You have to **cut down on** your smoking.

0770 ☐ **get nowhere**

▷ I **got nowhere** with the work.

(cf.) Another excuse will **get** you **nowhere**.

증가 중

▶ 스웨덴의 인구는 증가 중에 있다.

(opp.) **on the decrease** 감소 중

(syn.) **on the rise** 증가 중, 상승 중
경기는 곧 상승할 것이다

끝나다

▶ 그 파티는 한밤중에 끝났다.

(+α) **come to a stop, come to a halt** 정지하다, 중단하다
열차는 갑자기 정지했다.

(cf.) **put an end to A, bring A to an end** A를 끝나게 하다
우리는 테러리즘을 종식시켜야 한다.

A를 깎아 내리다, 삭감하다 (= reduce A)

▶ 당신은 생활비를 줄이는 편이 좋겠다.

(syn.) **cut down on A** A(음식 · 흡연 등)를 감소시키다[줄이다]
흡연량을 줄이세요.

무위로 끝나다, 성과가 오르지 않다

▶ 난 일에서 성과가 오르지 않았다.

(point) '어디에든지 도착할 수 없다' 로부터 '성과가 오르지 않다' 가 된다.

(cf.) **get A nowhere** A(사람)의 도움이 되지 않다
더 이상 변명은 당신에게 도움이 되지 않을 것이다.

0771 ☐ **warn A of B**

> ▶ The radio **warned** us **of** the coming earthquake, and we started gathering our things.
>
> (+α) The police **warned** tourists **against walking** on the streets at night.

0772 ☐ **clear up**

> ▶ I hope the weather will **clear up** on Sunday.
>
> (cf.) **Clear up** the broken glass on the floor.

0773 ☐ **keep away from A / stay away from A**

> ▶ **Keep away from** me because I have a bad cold.
>
> (cf.) His illness **kept** him **away from** school for a few days.

0774 ☐ **all the same / just the same**

> ▶ The food was terrible - **all the same**, I didn't complain.
>
> (cf.) It'**s all the same to** me whether our team wins or not.

0775 ☐ **know A by name**

> ▶ I **know** the president of that company **by name**.

A(사람)에게 B(위험 등)를 경고하다

▶ 라디오에서 지진 경고를 했고, 우리는 짐을 챙기기 시작했다.

[+α] **warn A against** *doing* A(사람)에게 ~하지 말라고 경고하다
경찰은 여행자들에게 밤에 거리를 다니지 말라고 경고했다.

(하늘·일기가) 개이다

▶ 일요일에 개이면 좋겠는데.

[cf.] **clear up A / clear A up** A를 치우다
마루의 유리 조각을 치우세요.

A에 가까이 하지 않다, A(학교 등)를 결석하다

▶ 난 심한 감기에 걸렸으니까 가까이 오지 마세요.

[cf.] **keep A away from B** A를 B에 가까이 하지 않게 하다
병으로 인해 그는 며칠간 학교를 쉬었다.

그럼에도 불구하고, 그런데도

▶ 그 음식은 형편 없었다. 그런데도 나는 불평하지 않았다.

[cf.] **be all the same to A** A에 있어서 어쨌든 상관없는 것이다
우리 팀이 이기든지, 나에게는 상관없는 일이다.

(만난 적은 없지만) A의 이름은 알고 있다

▶ 나는 (만난 적은 없지만) 저 회사 사장의 이름만은 알고 있다.

[+α] **know A by sight** (잘 알지는 못하지만) A의 얼굴을 알고 있다

0776 ☐ **get across A to B / get A across to B**

▶ The lecturer couldn't **get** his message **across to** the audience.
(cf.) The teacher's explanation didn't **get across to** the whole class.

0777 ☐ **in return (for A)**

▶ I bought him a drink **in return for** his help.
(syn.) They asked for a lot of money **in exchange for** the hostages.

0778 ☐ **look to A for B**

▶ We are **looking to** you **for** help.
(+α) We are **looking to** you **to help** us.

0779 ☐ **settle down**

▶ Tim **settled down** after he got married.
(cf.) I **settled down to** the task of writing another novel.

0780 ☐ **pass on A to B / pass A on to B**

▶ He **passed on** his property **to** his son.
(cf.) Let's **pass on to** the next topic.

A(이야기 · 생각 등)를 B(사람)에게 이해시키다

▶ 그 강연자는 그가 말하고 싶은 것을 청중에게 이해시킬 수가 없었다.

point 원래 'A를 B에게 건네주다' 라는 뜻.

cf. **get across to A** (이야기나 생각이) A(사람)에게 이해되다
선생님의 설명은 학급 전체에게 이해되지는 못했다.

(A의) 답례로, 보답으로

▶ 나는 도와준 답례로 그에게 술을 한잔 샀다.

syn. **in exchange (for A)** (A와) 교환하다
그들은 인질 교환으로 큰 돈을 요구했다.

A(사람)에게 B를 기대하다, A(사람)의 B를 목표로 하다 (= turn to A for B, depend on A for B 0112 참고)

▶ 우리는 당신에게 도움을 기대하고 있습니다.

+α **look to A to** *do* A가 ~하는 것을 기대하다

point look to A는 'A쪽을 보다' 로부터 'A에 의존하다' 가 된다.

(사람 · 사태 등이) 정착하다

▶ 팀은 결혼 후 정착했다

cf. **settle down to A, get down to A** A에 마음을 정하다
나는 다음 소설 쓰는 작업에 마음을 정했다. [다음 소설을 쓰기로 했다.]

A를 B(사람)에게 양도하다, 전하다

▶ 그는 재산을 아들에게 양도했다.

cf. **pass on to A** A(화제 등)로 옮기다 (= go on to A), 다음 화제로
옮기다

0781 ☐ **get at A**

1. What are you **getting at**?
2. It's sometimes difficult to **get at** the truth.

0782 ☐ **for *one's* life / for dear life**

▶ She ran **for her life** to get away from the killer.
[cf.] 1. He remained single **for life**.
2. I can't **for the life of me** remember his telephone number.

0783 ☐ **be fit for A**

▶ I don't think she **is fit for** the job.
[+α] She **is** not **fit to teach** Korean.

0784 ☐ **get together**

▶ Let's **get together** again next year.

0785 ☐ **associate A with B**

▶ We **associate** Egypt **with** the Nile.
[cf.] Don't **associate with** him.

¹A를 말하려고 하다 (= drive at A) ²A(진실 등)를 획득하다, 손에 넣다

1. 너 무엇을 말하려고 하니?

usage 보통 의문사 what과 같이 사용한다.

2. 진실을 얻어 내기가 어려울 때가 종종 있다.

생명을 걸고, 필사적으로

▶ 그녀는 살인자로부터 도망가기 위하여 필사적으로 달렸다.

cf. 1. **for life** 생애, 쭉 (= all *one's* life)

그는 사는 동안 쭉 독신으로 지냈다.

2. for the life of *one* (아무리 해도)는 보통 부정문으로 사용한다.

나는 아무리 해도 그의 전화번호가 기억나지 않는다.

A에게 적합하다

▶ 난 그녀가 그 일에 적합하지 않다고 생각한다.

+α **be fit to** *do* ~하는 자격 · 능력이 있다

그녀는 한국어를 가르칠 자격이 없다.

(사람이) 모이다 (= gather)

▶ 내년에도 다시 모입시다.

cf. **get together A / get A together** A를 모으다

A에서 B를 연상하다

▶ 우리는 이집트에서 나일강을 연상한다.

cf. **associate with A** A(사람)와 사귀다

그와 사귀지 마라.

0786 ☐ **date back to A / date from A**

▸ The castle **dates back to** 1610.

0787 ☐ **come into[in] contact with A**

▸ A truck **came into contact with** the bridge supports.

0788 ☐ **kind of / sort of**

▸ I'm feeling **kind of** tired.
(cf.) She gave **a kind of** smile and left the room.

0789 ☐ **be of the opinion that** 절

▸ I'**m of the opinion that** he should apologize to his teacher.

0790 ☐ **admit A to B**

▸ Latecomers weren't **admitted to** the show.
(cf.) The natural phenomenon **admits of** no other explanation.

0791 ☐ **come by A**

▸ How did you **come by** such a job?

A(연대 · 시기)에까지 소급되다, A 이래 존재하다

▶ 그 성은 1610년에 세워졌다[이래 존재하고 있다].
usage 현재형으로 사용한다.

A와 접촉하다, A(사람)와 만나다

▶ 트럭이 교량의 교각에 접촉했다[부딪쳤다].
cf. **get in contact with A** A(사람)와 연락을 취하다 0502 참고

어느 정도까지, 다소 (= to some extent 0348 참고)

▶ 나는 다소 피곤을 느끼고 있습니다.
usage 보통 형용사나 동사의 앞에 둔다.
cf. **a kind[sort] of A** A와 같은 것
그녀는 미소 짓는 듯한 얼굴을 하고 방을 나갔다.

~라고 하는 의견이 있다, ~라고 생각하다 (= think that 절)

▶ 나는 그가 그의 선생님께 사과해야 한다고 생각한다.

A(사람)에게 B에의 입학(입회 · 입장)을 인정하다, 허락하다

▶ 늦게 온 관객들은 그 쇼의 입장이 허가되지 않았다.
cf. admit of A (A의 여지가 있다)는 부정문, 의문문으로 사용한다.
그 자연 현상은 별도의 설명의 여지가 없다.

(노력의 결과) A를 손에 넣다 (= get A, obtain A)

▶ 그런 일을 어떻게 손에 넣었어?
cf. come by (~을 손에 넣다, ~을 통과하다)에서의 'by' 는 부사

Step 3 Lead Idiom 200 / 26th

0792 ☐ **come to light**

> ▸ New facts about ancient China have recently **come to light**.
> (cf.) The scientists **brought** their findings **to light**.

0793 ☐ **interfere in A**

> ▸ Don't **interfere in** matters that do not concern you!
> (cf.) The sound of the television is **interfering with** my work.

0794 ☐ **behind time**

> ▸ The train is twenty minutes **behind time.**
> (cf.) I think my parents are **behind the times**.

0795 ☐ **come into being / come into existence**

> ▸ When did life **come into being**?
> (cf.) They **brought** a new law **into being** to cover computer crimes.

0796 ☐ **persist in A**

> ▸ The boy **persisted in** wearing his hair long.

밝혀지다, 알려지다 (= become known)

▶ 고대 중국에 관한 새로운 사실이 최근 밝혀졌다.
cf. **bring A to light** A를 밝혀내다, 공표하다
그 과학자들은 그들의 발견을 공표했다.

A에 간섭하다, 방해하다

▶ 자기에게 관계되지 않는 것에는 말참견하지 말아라.
cf. **interfere with A** A에 간섭하다
텔레비전 소리가 공부를 방해하고 있다.

(예정보다) 늦어서, 지각하여

▶ 그 열차는 20분 지연되고 있다.
opp. **ahead of time** (예정보다) 빨리
cf. **behind the times** 구시대에
나는 우리 부모가 구시대 사람이라고 생각한다.

태어나다, 출현하다 (= appear)

▶ 생명은 언제부터 존재했습니까?
cf. **bring A into being** A를 낳다, 새로 만들어 내다 (= create A)
컴퓨터 범죄에 대처하기 위하여 새로운 법률이 제정되었다.

A를 지속하다, A를 고집하다

▶ 그 소년은 그의 머리를 길게 기르는 걸 고집했다.

0797 ☐ **end (up) with A**

▸ The party **ended up with** the host's speech.

(cf.) Their project **ended up in** failure.

0798 ☐ **for one thing**

▸ He is happy. **For one thing**, he's got a promotion, and for another, he has just got married.

0799 ☐ **(just) around the corner**

▸ Politicians are always telling us that better times are **just around the corner**.

0800 ☐ **in question**

▸ That is not the point **in question**.

(syn.) Brain death is still **at issue** in Korea.

A로 끝나다, A하는 것으로 끝나다

▶ 파티는 주최자의 연설로 끝났다.
cf. **end (up) in A** A(실패 등)로 끝나다
   그들의 프로젝트는 실패로 끝났다.

한가지는, 첫째로는

▶ 그는 행복하다. 한가지는 승진하였고 또 한가지는 신혼이기 때문이다.
usage 이유를 열거하는 경우에 for another (또 하나는~)로 이어 쓰는 경우가 많음.

바로 근처에, 바로 거기에

▶ 정치인들은 우리에게 항상 좋은 시대가 곧 온다고 말한다.
usage around 대신 round를 사용할 때도 있다.

문제가 되다, 화제가 되다

▶ 그것은 지금 문제로 되어 있는 점과 다르다.
usage 명사의 바로 뒤에 올 때가 많다.
syn. **at issue** 논쟁 중, 논쟁 중의
   뇌사는 한국에서 아직 논쟁 중에 있다.

for 용법 정리(이유)

☐☐ admire A for B	A(사람)를 B라는 이유로 칭찬하다	(0206)
☐☐ apologize to A for B	A(사람)에게 B의 일로 사과하다	(0188)
☐☐ blame A for B	A(사람)에게 B의 일로 비난하다	(0476)
☐☐ excuse A for B	B의 일로 A(사람)를 용서하다	(0581)
☐☐ forgive A for B	B의 일로 A(사람)를 용서하다	(0241)
☐☐ praise A for B	A(사람)를 B라는 이유로 칭찬하다	(0206)
☐☐ punish A for B	B(나쁜 일 등)의 일로 A(사람)를 벌하다	(0249)
☐☐ scold A for B	A(어린이)를 B의 이유로 야단치다	(0251)
☐☐ thank A for B	A(사람)에게 B의 일로 감사하다	(0027)
☐☐ be famous for A	A로 유명하다	(0195)
☐☐ be grateful to A for B	A(사람)에게 B의 일로 감사하다	(0027)
☐☐ be in debt to A for B	A(사람)에게 B의 일로 은혜를 입다	(0726)
☐☐ be obliged to A for B	A(사람)에게 B의 일로 감사하다	(0027)
☐☐ be thankful to A for B	A(사람)에게 B의 일로 감사하다	(0027)
☐☐ be to blame for A	A(나쁜 것)에 관하여 질책을 받아야 하다	(0290)

# of 용법 정리(분리)

☐☐ clear A of B	A(장소)로부터 B(물건)를 제거하다	(0750)
☐☐ deprive A of B	A(사람)로부터 B(권리 · 능력 등)를 빼앗다	(0240)
☐☐ free A of B	A를 B로부터 자유롭게 하다, 해방하다	(0601)
☐☐ relieve A of B	A(사람)로부터 B(부담 등)를 제거하다	(0750)
☐☐ rid A of B	A에서 B를 제거하다	(0497)
☐☐ rob A of B	A(사람)로부터 B(금품 등)를 빼앗다	(0163)
☐☐ be free of A	A(나쁜 것)가 없다	(0513)
☐☐ be independent of A	A로부터 독립하다	(0164)

Goal

Idiom 201

0801 ☐ **break off**

1. He was making a speech but he **broke off** when he heard a strange noise.
2. We **broke off** and had a cup of coffee.

0802 ☐ **come to terms with A**

1. These two countries **came to terms with** each other for the sake of peace.
2. You have to **come to terms with** your present situation.

0803 ☐ **compare with A**

▸ Artificial leather can't **compare with** the real thing.

0804 ☐ **resort to A**

▸ I hope they don't **resort to** violence to accomplish their goals.

0805 ☐ **not ~ for (all) the world**

▸ I like this apartment so much that I would**n't** move **for the world**.

¹급히 이야기를 중단하다, 그만두다 ²하던 일을 멈추고 쉬다 (=take a break, take a rest)

1. 그는 연설을 하고 있었지만 이상한 소리를 듣고 급히 이야기를 중단했다.
2. 우리들은 하던 일을 멈추고 커피를 마셨다.

¹A와 합의에 달하다, 타협하다 ²A(곤란 등)를 받아들이다, 익숙하다

1. 이들 두 나라는 평화를 위하여 상호 타협했다.
2. 당신은 현재의 상황을 받아들이지 않으면 안됩니다.

A에 필적하다

▶ 인조피혁은 진짜 가죽에 필적하지 못한다.
usage 보통 부정문으로 사용한다. with 대신 to도 사용한다.
cf. **compare A with B** A를 B와 비교하다 0551 참고

A(폭력·무기 등)에 호소하다, 의지하다

▶ 그들이 목적 달성을 위해 폭력 수단을 쓰지는 않길 바란다.
usage 보통 모든 방책이 소진되어 최후에 나쁜 수단을 취할 때 사용된다.

절대로 ～하지 않다

▶ 나는 이 아파트가 너무 마음에 들기 때문에 절대로 이사가지 않을 것이다.
usage 보통 would와 같이 사용한다.

0806 ☐ **be envious of A**

▶ She **was envious of** her cousin's success.

0807 ☐ **take a liking to A / take a fancy to A**

▶ Fred **took a liking to** Jane and started dating her.

0808 ☐ **brush up A / brush A up**

▶ I have to **brush up** my French before I go to Paris to study.

0809 ☐ **get carried away**

▶ She **got carried away** watching the boxing match.

0810 ☐ **come off**

▶ The button on your coat is **coming off**.

0811 ☐ **equate A with B**

▶ It is foolish to **equate** money **with** happiness.

A를 샘내다 (= envy A)

▶ 그녀는 사촌의 성공에 샘을 냈다.
[syn.] **be jealous of A** A를 (증오하는 기분으로) 질투하다

A가 마음에 들다, A를 좋아하게 되다 (= take to A 0403 참고)

▶ 프레드는 제인을 좋아하게 되어 그녀와 교제를 시작했다.
[point] liking, fancy는 '좋아함'이란 뜻.

A(잊어버린 외국어 등)를 다시 공부하다, 복습하다

▶ 나는 파리에 유학하기 전에 프랑스어를 다시 공부해야 한다.
[usage] brush up on A이라는 형태도 있다.

열중하다, 흥분하다 (= get excited)

▶ 그녀는 그 복싱 시합을 보고 흥분했다.

(단추 등이) 떨어지다, (때·도료 등이) 제거되다

▶ 네 코드의 단추가 떨어지려고 해.

A를 B와 동일시하다, 동등하다고 간주하다 (= identify A with B 0606 참고)

▶ 돈을 행복과 동일시하는 건 바보 같은 일이다.

315

0812 ☐ **take sides with A / take the side of A**

▶ Mary **took sides with** me against my teacher.

0813 ☐ **at a time**

▶ He carried six boxes **at a time**.

0814 ☐ **at one time**

1. **At one time**, Nigeria was a British colony.
2. The bills came **all at one time** and I managed to pay only a few of them.

0815 ☐ **hand over A to B / hand A over to B**

▶ The police demanded that the criminal **hand over** the gun **to** them.

0816 ☐ **come down with A**

▶ Last week my mother **came down with** the flu.

0817 ☐ **fall for A**

▶ Don't **fall for** his old tricks.

(토론 등에서) A의 편이 되다, A의 편에 서다

▶ 메리는 내가 선생님과 대립했을 때 내 편에 서 주었다.

한 번에, 동시에 (= at one time 0814 참고)

▶ 그는 한 번에 6개의 상자를 날랐다.
[cf.] **at times** 종종, 때때로

[1]옛날에는, 한때는 (= formerly) [2]한 번에, 동시에 (= at a time 0813 참고)

1. 나이지리아는 한 때 영국의 식민지였다.
2. 청구서가 한꺼번에 왔으므로 나는 일부만 용케 지불했다.

A를 B에 넘기다, 인도하다

▶ 경찰은 범인에게 총을 넘기도록 요구했다.

A(병)에 걸리다, A(병)로 쓰러지다

▶ 어머니는 지난 주 유행성 독감에 걸리셨다.
point come down은 '쓰러지다', with는 '원인'을 나타낸다.

A(이야기 · 선전 등)에 속다

▶ 그의 늘 행하는 사기 수법에 넘어가지 말도록.

0818 ☐ **count in A / count A in**

▶ If you're going to the beach, **count** me **in**.

0819 ☐ **fall back on A**

▶ Teachers shouldn't **fall back on** their authority.

0820 ☐ **be at odds with A**

▶ He **is** always **at odds with** his boss.

0821 ☐ **meet A halfway / go halfway to meet A**

▶ He wants to make up and you should **meet** him **halfway**.

0822 ☐ **assure A of B**

▶ I **assure** you **of** my support.

0823 ☐ **serve A right**

▶ It'll **serve** him **right** if he fails the exam; he doesn't study at all.

A를 (계산·계획 등에) 포함하다

▶ 만약 너희들 바닷가에 갈 거면, 나도 끼워 줘.

opp. count out A / count A out   A를 제외하다, 고려에 넣지 않다

A에 의존하다, A를 최후의 의지할 곳으로 삼다

▶ 교사들은 그들의 권위에 의존해서는 안된다.

A(사람)와 사이가 나쁘다

▶ 그는 항상 그의 상사와 사이가 나쁘다.

A(사람)와 타협하다

▶ 그는 화해하기를 원하고 있고 너도 그와 화해해야 한다.

point 원래 'A를 도중에 만나러 나가다' 라는 뜻.

A(사람)에게 B를 보증하다, 확약하다

▶ 나의 지지[원조]를 확실히 약속 드립니다.

A(사람)에게 있어서 마땅하다, 고소하다

▶ 그가 시험에 떨어진대도 마땅하다. 그는 조금도 공부하지 않았으니까.

usage (It) serves you right! (꼴 좋다)는 형태도 자주 사용된다.

0824 ☐ **be indebted to A for B**

▸ I **am** deeply **indebted to** my friends **for** all their help.

0825 ☐ **be hard on A**

▸ The piano instructor **was hard on** her.

0826 ☐ **dawn on A**

▸ It gradually **dawned on** me that I had misunderstood him.

0827 ☐ **bring A to life**

1. The cold air **brought** Tom **to life**.
2. I'm sure some coffee will **bring** you **to life**.

0828 ☐ **take leave of A**

▸ I **took leave of** the villagers and made for my next destination.

0829 ☐ **cut a figure**

▸ The general **cut a** distinguished **figure** in his dress uniform.

A(사람)에게 B의 일로 은혜를 느끼다
(= be in debt to A for B 0726 참고)

▶ 나는 도움을 준 나의 친구들 모두에게 깊이 감사하고 있다.
point 원래 'A에게 돈을 빌려주다'의 뜻.

A(사람)에게 엄하다

▶ 그 피아노 선생은 그녀에게 엄하게 대했다.
syn. be strict with A   A(사람)에게 엄하다   0630 참고

A(사람)에게 이해되다, 이해하기 시작하다

▶ 나는 내가 그를 오해하고 있었음이 서서히 이해되기 시작했다.
usage 형식주어 it과 사용되는 경우가 많다.
point dawn은 '밝게 되다'라는 의미에서 '알다'라는 뜻이 된다.

¹A(사람)의 의식을 회복시키다   ²A(사람)에게 기운을 북돋다

1. 톰은 찬 공기에 의식을 회복했다.
2. 커피를 좀 마시면 분명 기운이 북돋아질 겁니다.
cf. come to, come (back) to life   의식을 회복하다   0706 참고

A(사람)에게 이별을 고하다 (= say good-by to A)

▶ 나는 마을 사람들에게 이별을 고하고 다음 목적지로 향했다.

눈에 띄다, 두각을 나타내다

▶ 장군은 예복을 입어 사람들 눈에 띄었다.
usage figure의 앞에는 형용사가 오는 경우가 많다.

0830 ☐ **live down A / live A down**

▶ Frank had a reputation as a bad boy, but he **lived** it **down** as he grew up.

0831 ☐ **push for A**

▶ My secretary is **pushing for** a raise.

0832 ☐ **abound in A**

▶ This lake **abounds in** various kinds of fish.

0833 ☐ **hand out A / hand A out**

▶ The teacher **handed out** the examination papers.

0834 ☐ **take *one's* breath away**

▶ The view from the top of the mountain **took my breath away**.

0835 ☐ **out of hand**

▶ British soccer fans sometimes get completely **out of hand**.

A(불명예 등)를 (그 후의 생활로) 씻다

▶ 프랭크는 불량배라는 평판이 있었지만 성장하면서 그 오명을 씻었다.

A를 요구하다 (= demand A)

▶ 나의 비서는 급여 인상을 요구하고 있다.

usage push for A *to do* (A에게 ~하도록 요구하다)라는 형태도 있다.

A에 많이 있다, 풍부하다
(= be rich in A, be abundant in A 0757 참고)

▶ 이 호수에는 갖가지 종류의 물고기가 풍부하게 있다.

A를 나누다, 분배하다 (= distribute A, give out A 0737 참고)

▶ 선생님은 테스트 용지를 나눠주셨다.

사람을 깜짝 놀라게 하다, 압도하다

▶ 그 산의 정상에서 보는 경치에 나는 압도되었다.

제어할 수 없게 되다, 통제 불능 (= out of control 0659 참고)

▶ 영국의 축구 팬들은 종종 전혀 통제 불능의 상태가 된다.

0836 ☐ **lean on A**

▸ You **lean on** your parents too much. You must be more in dependent.

0837 ☐ **embark on A**

▸ They **embarked on** the new project, full of hope.

0838 ☐ **be in high spirits**

▸ My husband **is in high spirits** today.

0839 ☐ **pull down A / pull A down**

▸ The oldest movie theater in town is being **pulled down** now.

0840 ☐ **call A names**

▸ Bill got mad and **called** Dick **names**.

0841 ☐ **derive A from B**

▸ Some people **derive** pleasure **from** watching horror movies.
(cf.) Names such as Smith and Baker **derive from** occupations.

A에 기대다 (= depend on A 0112 참고)

▶ 넌 부모님께 너무 기대고 있어. 좀 더 독립적이 되어야 해.
point 원래 'A에 의지하다' 라는 뜻.

A(사업 등)를 시작하다, 착수하다 (= start A)

▶ 그들은 희망에 부풀어 그 새로운 사업에 착수했다.
point 'A(배)에 승선하다' 에서 'A(새로운 일)를 시작하다' 라는 뜻이 됨.

기분이 썩 좋다 (= be in a good mood)

▶ 내 남편은 오늘 기분이 썩 좋다.
opp. be in low spirits 의기소침하다

A(건물 등)를 허물어뜨리다 (= tear down A / tear A down)

▶ 동네에서 가장 오래 된 영화관이 현재 허물어트려지고 있다.
point 원래 'A를 끌어 쓰러뜨리다' 의 뜻.

(어린이가) A(상대)를 악담하다

▶ 빌은 화가 나서 딕을 악담했다.
point '바보, 거짓말쟁이' 등의 악담을 말하는 것으로 복수형이 된다.

A를 B로부터 끌어내다

▶ 어떤 사람은 공포 영화를 보는 것에서 즐거움을 이끌어 낸다.
cf. derive from A, be derived from A A에서 유래되다
　　Smith나 Baker 등의 이름은 직업에서 유래되고 있다.

0842 ☐ **be on edge**

▶ She **was on edge** till she heard from her husband.

0843 ☐ **sort out A / sort A out**

▶ Would you please **sort out** all the white clothes from the wash?

0844 ☐ **come in handy**

▶ Take this folding umbrella with you. It might **come in handy**.

0845 ☐ **fit in with A**

▶ His proposals did not **fit in with** our aims.

0846 ☐ **a touch of A**

▶ I've got **a touch of** the flu.

0847 ☐ **from within**

▶ He was surprised to hear a cry **from within**.

안절부절못하다, 불안해 하다 (= be nervous)

▶ 그녀는 남편으로부터 연락이 있을 때까지 계속 안절부절못하고 있었다.

A를 선별하다, 분류하다

▶ 세탁물에서 흰 옷을 모두 분류해 주시겠습니까?

도움이 되다 (= be useful)

▶ 이 접는 우산을 가지고 가세요. 도움이 될 지 몰라요.

A(사물)와 조화되다, 일치하다

▶ 그의 제안은 우리들의 목적과 일치하지 않았다.

근소의 A, 소량의 A

▶ 나는 감기 기운이 약간 있어요.
usage A는 불가산명사

내부로부터, 가운데부터 (= from inside)

▶ 그는 내부로부터 들려오는 외치는 소리에 놀랐다.
opp. **from without** 밖[외부]에서부터
point 여기에서 within, without은 명사로, '내부', '외부' 의 의미.

0848 ☐ **turn away (from A)**

▶ She **turned away** in horror at the sight of so much blood.

0849 ☐ **in and out**

▶ The police inspected the house **in and out**.

0850 ☐ **at loose ends / at a loose end**

▶ My uncle has retired, so he is **at loose ends**.

0851 ☐ **be hard up (for money)**

▶ I **am** a bit **hard up** now and I can't afford such an expensive meal.

0852 ☐ **live with A**

▶ It's hard to **live with** the knowledge that you are a failure.

0853 ☐ **get away with A**

▶ Politicians in Japan sometimes **get away with** doing illegal things.

(A로부터) 얼굴을 돌리다, (A에게) 모른 체 하다, 외면하다

▶ 그녀는 너무나 많은 피를 보고 공포에 질려 얼굴을 돌렸다.
cf. **turn away A / turn A away** A(얼굴)를 돌리다, A(사람)를 쫓아내다

아주, 완전히, 철저하게 (= completely)

▶ 경찰은 그 가옥을 철저하게 수사했다.
point '안도 바깥도' 라는 뜻에서 '완전히, 몽땅' 이라는 의미가 된다.

(사람이) 아무 일도 하는 것이 없는, 정한 직업이 없는

▶ 숙부는 퇴직을 해서 아무 일도 하는 것이 없다.

(돈이 없어) 곤경에 빠져 있다, 곤란하다

▶ 나는 지금 돈이 없어 곤경에 빠져 있으므로 그런 호화로운 식사를 할 여유는
없다.

A를 견디다 (= put up with A 0125 참고)

▶ 자신이 패배자라고 인정하는 것은 어렵다.
point 원래 'A와 함께 지내다, 보내다' 의 뜻.

A(나쁜 일 등)를 (벌 받지 않고) 잘 해나가다

▶ 일본의 정치인들은 나쁜 일을 해도 벌 받지 않고 종종 잘 해나갈 수가 있다.
point 원래 'A를 가지고 도망가다' 의 뜻.

0854 ☐ **be welcome to A**

▸ You **are welcome to** the use of our house while we are away on vacation.

(+α) You **are welcome to use** our house while we are away on vacation.

0855 ☐ **grow out of A**

▸ I have **grown out of** the habit of reading comics.

0856 ☐ **make a scene / create a scene**

▸ Don't **make a scene** in public.

0857 ☐ **be taken aback**

▸ I **was taken aback** by his rudeness.

0858 ☐ **a body of A**

▸ I have **a** large **body of** information in my computer database.

자유로이 A를 이용하여도 좋다

▶ 우리가 휴가를 간 사이 우리 집을 자유롭게 사용해도 좋습니다.

[+α] **be welcome to** *do* 자유롭게 ~해도 좋다

    (= **be free to** *do* 0492 참고)

(사람이 성장하여) A(버릇 등)를 하지 않게 되다

▶ 나는 (자라면서) 만화를 읽는 습관이 없어졌다.

point '성장해서 A(옷)가 맞지 않게 되다'가 원래의 뜻.

큰 소동을 피우다

▶ 사람들 앞에서 큰 소동을 피우지 말아라.

point scene은 '사람들 앞에서 울거나 떠들썩거리는 것 같은 연극과 같은 대소동'의 뜻.

깜짝 놀라다

▶ 나는 그의 무례함에 놀랐다.

많은 A (= a lot of A)

▶ 나는 컴퓨터의 데이터 베이스에 대량의 정보를 가지고 있다.

usage A는 가산명사, 불가산명사 둘 다 가능하다.

point 여기에서 body는 '모임'이라는 뜻.

0859 ☐ **get the hang of A**

▶ I'm **getting the hang of** this new machine.

0860 ☐ **call down A / call A down**

▶ The boss **called** me **down** for frequent absence from work.

0861 ☐ **hold on to A / hang on to A**

▶ The man **held on to** his job stubbornly and would not retire.

0862 ☐ **of necessity / by necessity**

▶ I went via Beijing **of necessity**, because there wasn't a direct flight.

0863 ☐ **be on (*one's*) guard**

▶ **Be on your guard** against pickpockets.

0864 ☐ **beat around [about] the bush**

▶ Don't **beat around the bush**; tell me who is to blame.

A의 취급법을 소화하다

▶ 나는 이 새 기계의 사용법을 알기 시작하는 중이다.
point hang은 '취급법, 요령' 이라는 뜻.

A를 꾸짖다 (= tell off A / tell A off)

▶ 상사는 직장에서의 잦은 결근 때문에 나를 꾸짖었다.
syn. **scold A for B** A(어린이)를 B의 이유로 꾸짖다 0251 참고

A를 확실히 잡다, 놓지 않다

▶ 그 남자는 완강하게 그 직업에 매달려 결코 퇴직하려고 들지 않았다.

필연적으로, 부득이하게 (= necessarily)

▶ 직행편이 없었으므로, 부득이하게 베이징을 경유해 갔다.
point 여기에서 of는 out of와 마찬가지로 '~(로)부터' 라는 뜻.

경계하다, 조심하다

▶ 소매치기를 주의하세요.
opp. **be off (one's) guard** 방심하다, 경계를 소홀히 하다

돌려서 말하다, 어지간히 요점을 말하지 않다

▶ 돌려서 말하지 마. 누가 책임이 있는건지 말해줘.
point 원래 '덤불 언저리를 두드려 짐승을 몰아내다' 라는 뜻.

333

Step 4_ Goal Idiom 201

0865 ☐ **round off A / round A off**

▸ He **rounded off** his speech with a famous proverb.

0866 ☐ **stay put**

▸ Just **stay put** for a minute while I look for him.

0867 ☐ **cannot make head or tail of A / cannot make heads or tails of A**

▸ I **can't make heads or tails of** what you said.

0868 ☐ **bestow A on B**

▸ The college **bestowed** an honorary degree **on** him.

0869 ☐ **have a good mind to** *do*

▸ I **have a good mind to strike** you for being so rude.

0870 ☐ **all too ~**

▸ I was surprised because the concert ended **all too** soon.

334

A(문장·이야기·생애 등)를 마무리 짓다, 잘 끝내다

▶ 그는 유명한 속담으로 연설을 마무리 지었다.

point '뾰족한 뿔을 둥글게 하다' 로부터 '잘 마무리 짓다' 라는 뜻이 됨.

움직이지 않다

▶ 내가 그를 찾아 보는 동안 잠시 그대로(움직이지 않고) 있으세요.

point put은 과거분사로 '놓여진', stay는 '~인 대로다' 라는 뜻.

A를 전혀 이해할 수 없다

▶ 당신이 말한 것을 조금도 이해할 수가 없네요.

A(명예 등)를 B(사람)에게 수여하다

▶ 대학은 그에게 명예 학위를 수여했다.

usage give와 달리 상급자가 하급자에게 수여하는 경우에 사용한다.

크게 ~ 하고 싶은 심정이다

▶ 네가 너무 무례해서 때려주고 싶은 심정이다.

정말, 너무나(도)

▶ 나는 콘서트가 너무나(도) 빨리 끝나서 놀랐다.

point 여기에서 all은 부사로 too를 강조하고 있다.

cf. **only too** 너무나, 유감스럽게도 0921 참고

0871 ☐ ups and downs

▶ Life is full of **ups and downs**.

0872 ☐ be positive of [about] A

▶ She **is positive of** passing the test.

0873 ☐ by and large

▶ **By and large** his experiment was successful despite his lack of money.

0874 ☐ in all

▶ There were twelve of us **in all** at our class reunion.

0875 ☐ stand to reason

▶ It **stands to reason** that nobody likes him; he's too mean.

0876 ☐ I bet / I'll bet

▶ **I bet** he arrives late – he always does.

부침, 오르내림, 기복

▶ 인생에는 계속 기복이 있다.

A에 대하여 확신하다 (= be confident of A, be sure of A 0537 참고)

▶ 그녀는 시험에 합격한다고 확신하고 있다.

전반적으로 보아, 대체로
(= in general 0158 참고, on the whole 0454 참고)

▶ 자금 부족에도 불구하고 전반적으로 그의 실험은 성공적이었다.

전부, 합계해서 (= all told, altogether)

▶ 졸업 후의 동창회에 전부 12명이 나왔다.

당연하다, 이치에 닿다

▶ 그를 좋아하는 사람이 없는 것은 당연하다. 그는 비열한 사람이기 때문에.
usage It stands to reason that절의 형태로 사용한다.

필히, 꼭

▶ 그는 반드시 늦게 온다. 항상 그러니까.

0877 ☐ **with a start**

▶ I woke up **with a start** in the middle of a nightmare.

0878 ☐ **as much as to say**

▶ He nodded, **as much as to say** that he agreed.

0879 ☐ **in *one's* (own) way**

▶ I read a lot of books in my youth; I am a scholar **in my own way**.

0880 ☐ **out of the blue**

▶ I was about to leave, when Mary appeared **out of the blue**.

0881 ☐ **make a fuss**

▶ Stop **making a fuss** over nothing.

0882 ☐ **come of age**

▶ In Korea people **come of age** when they are 20 years old.

깜짝, 놀라서 (= in surprise)

▶ 나는 악몽을 꾸다가 깜짝 놀라 눈을 떴다.

마치 ~라고 말하려는 듯이

▶ 그는 찬성이라고 말하려는 듯이 고개를 끄덕였다.

나름대로

▶ 나는 젊은 시절에 많은 책을 읽었으므로, 나름대로 학자인 셈이다.

point 원래 '자기 방식대로 하는 방법으로' 라는 뜻.

cf. **in the way (of A)** (A의) 방해가 되어 0508 참고

갑자기, 예고 없이 (= suddenly, all of a sudden 0451 참고)

▶ 내가 막 떠나려고 하였을 때, 예고 없이 메리가 모습을 나타냈다.

point a bolt out of the blue '푸른 하늘로부터의 번개 (청천벽력),
예기치 않은 사건' 로부터 생긴 표현.

큰 소동을 피우다

▶ 아무것도 아닌 일에 큰 소동을 피우는 것은 그만두세요.

point fuss는 '큰 소동' 이라는 뜻.

성인이 되다, 성년에 달하다 (= become adult)

▶ 한국에서는 20세가 되면 성인이 된다.

syn. **be of age** 성년이다

0883 ☐ **give off A / give A off**

▸ The little animal **gave off** a bad smell.

0884 ☐ **make a name (for *oneself*) / make *one's* name**

▸ The politician first **made a name for himself** as an actor.

0885 ☐ **to put it briefly**

▸ **To put it briefly**, it's your fault.

0886 ☐ **(just) for once / (just) for this once**

▸ **Just for this once**, let's not have an argument.

A(냄새 · 빛 등)를 발하다, 내다 (= emit A)

▶ 그 작은 동물은 심한 냄새를 냈다.

유명하게 되다, 이름을 올리다 (= make *one's* mark)

▶ 그 정치가는 처음 남자 배우로서 유명하게 되었다.

point 여기에서 name은 '명성 · 평판' 이라는 의미.

짧게 말하면, 간단히 말하자면
(= in brief 0365 참고, to cut[make] a long story short 0977 참고)

▶ 간단히 말하자면 그건 너의 실수다.

point put은 express (표현하다)의 뜻.

금번(이번)에 한해서는, 금번[이번]만으로는

▶ 이번에 한해서는 언쟁을 하지 맙시다.

usage just this once의 형태가 될 때도 있다.

cf. **once (and) for all** 딱 잘라서, 이것을 마지막으로 0340 참고

Step

4

Goal Idiom 201 / 29th

0887 ☐ **by the book**

▸ That guard tends to do everything **by the book**.

0888 ☐ **turn A to good account / put A to good account**

▸ He **turned** his artistic gifts **to good account** by becoming a painter.

0889 ☐ **be on *one's* mind**

▸ I wonder what**'s on her mind**.

0890 ☐ **at will**

▸ If you have a car, you can come and go **at will**.

0891 ☐ **in shape / in good shape**

▸ My father has been **in shape** since his operation.

0892 ☐ **as opposed to A**

▸ Her new novel is really interesting, **as opposed to** her last one.

규칙대로

▸ 저 경비원은 무엇이든지 규칙대로 하는 경향이 있다.

point 여기에서 book은 '규칙서'란 뜻으로 원래 '규칙서에 따라서'란 뜻.

A(재능 · 지식 등)를 살리다, 활용하다

▸ 그는 화가가 되어서 타고난 예술적 재능을 살렸다.

(사람의) 마음에 걸리다, 걱정하다, (사람이) 생각하다

▸ 그녀가 무엇을 생각하는지 궁금하다.

생각하는 대로, 자유로이

▸ 자동차가 있으면 자유로이 왔다갔다 할 수 있다.

몸 상태가 좋다, 건강이 좋다 (= be in good health 0071 참고)

▸ 아버지는 수술을 하시고 난 후부터 몸 상태가 좋아지셨다.

opp. out of shape, in bad shape 몸 상태가 나쁜

A와는 대조적으로 (= in contrast to [with] A 0685 참고)

▸ 그녀의 새로운 소설은 전작과는 대조적으로 대단히 흥미진진하다.

0893 ☐ **in the last resort**

▶ He supposed he could always quit the job **in the last resort**.

0894 ☐ **be liable for A**

▶ Manufacturers **are liable for** defects in their products.

0895 ☐ **in the meantime**

▶ He'll be back in two hours; **in the meantime** let's prepare dinner.

0896 ☐ **hang around / hang about**

▶ What a gorgeous sunset! Let's **hang around** for a couple of minutes and watch it.

0897 ☐ **be impatient for A**

▶ Students **are impatient for** the summer holidays to come.
(cf.) She **is impatient of** insults.

최후의 수단으로서, 결국은

▶ 그는 최후의 수단으로 언제나 직장을 그만둘 수 있다고 생각했다.
usage as a[the] last resort라는 형태도 있다.
point resort는 '의지 되는 것, 수단'이라는 뜻.

A에 대하여 법적으로 책임 · 의무가 있다
(= be responsible for A 0012 참고)

▶ 제조업자는 그 제품의 결함에 대하여 법적인 책임이 있다.

그 사이에 (= meanwhile)

▶ 그는 2시간 후에 돌아올 겁니다. 그 사이에 저녁식사 준비를 합시다.

어슬렁거리다, 배회하다

▶ 너무 멋있는 일몰이다! 여기서 좀 어슬렁거리면서 봅시다.

A를 안타깝게 기다리다, 간절히 원하다
(= be eager for A 0599 참고, be anxious for A 0524 참고)

▶ 학생들은 여름 방학이 오는 것을 애태우며 기다린다.
usage be impatient for A to *do* (A가 ~하는 것을 간절히 원하다)의 형태로
사용하는 경우가 많다.
cf. be impatient of[with] A A를 참을 수 없다
그녀는 모욕 당하는 것을 참지 못한다.

0898 ☐ **make do with A / make A do**

▸ I don't like this model, but I'll have to **make do with** it.

0899 ☐ **prior to A**

▸ All the arrangements should be made **prior to** our departure.

0900 ☐ **get through with A**

▸ When I **get through with** my work, I'll call you.
(cf.) I couldn't **get through to** him because the line was engaged.

0901 ☐ **be set on *do*ing**

▸ She **is set on becoming** an architect.

0902 ☐ **within a stone's throw of A**

▸ My house is **within a stone's throw of** the beach.

A로 그런대로 때우다, 임시변통하다 (= do with A 0458 참고**)**

▶ 나는 이 모델이 마음에 들지 않지만, 이것으로 임시변통 해야 할 것이다.

(시간적으로) A의 앞에, A에 앞서서 (= before A)

▶ 우리가 출발하기 전에 모든 준비가 되어 있어야 한다.

A를 수행하다 (= finish A, get through A 0533 참고**)**

▶ 내가 하고 있는 일을 끝마치면 전화하겠습니다.
[cf.] **get through to A** (전화로) A(사람)와 연락이 닿다
통화 중이어서 그와 연락을 할 수가 없었다.

~ 하려고 결심하다 (= be determined to *do***)**

▶ 그녀는 건축가가 되려고 결심 중이다.
point 여기에서 set은 '단호한', on은 '~에 관하여' 란 뜻.

A의 바로 가까이에

▶ 내 집은 해안 바로 가까이에 있다.
point 원래 'A로부터 돌을 던져서 닿을 정도로 가까운 곳에' 라는 뜻.
syn. **within (easy) walking distance of A** A의 바로 가까이에,
A에서 걸어서 닿을 수 있는 거리에

0903 ☐ **as regards A**

▸ You needn't worry **as regards** the cost of the operation.

0904 ☐ **make a face / make faces**

▸ Tom swallowed the medicine and **made a face**.

(syn.) The child **made a long face** when I told him to go to bed.

0905 ☐ **in the cause of A**

▸ The priest decided to fight **in the cause of** minority groups.

0906 ☐ **in all likelihood / in all probability**

▸ **In all likelihood** she needs time to solve her problem.

0907 ☐ **in the wake of A**

▸ Disease spread **in the wake of** the flood.

0908 ☐ **sure enough**

▸ I said it would rain, and **sure enough** it did.

A에 관해서는
(= about A, regarding A, concerning A, as to A 0398 참고**)**

▶ 수술 비용에 관해서는 걱정할 필요 없습니다.

얼굴을 찌푸리다, 묘한 (싫어하는) 표정을 짓다

▶ 톰은 약을 삼키고 얼굴을 찌푸렸다.

[usage] make 대신에 pull을 사용할 수도 있다.

[syn.] **make a long face** 석연치 않은 얼굴을 하다
　　　 그 아이는 내가 자라고 말하면 석연치 않은 얼굴을 했다.

A(주의 등)를 위하여

▶ 그 목사는 소수민족을 위해 싸울 것을 결심하였다.

[point] 여기에서 cause는 '대의·주의'라는 뜻.

아마도, 십중팔구 (= probably)

▶ 그녀는 자신의 문제를 해결하기 위해서 아마도 시간이 필요할 것이다.

A의 결과로서 (= as a result of A 0271 참고)

▶ 홍수의 결과 질병이 퍼졌다.

[point] wake는 '배가 지나간 후에 수면에 일어나는 뱃자국'이란 뜻에서 '결과'라는 의미가 된다.

과연, 생각했던 대로

▶ 나는 비가 올 것이라고 말했는데, 과연 비가 내렸다.

0909 □ get the edge on A / have the edge on A

▶ The young tennis player **had the edge on** his older opponent.

0910 □ far into the night

▶ Her son studied **far into the night** for the exam.

0911 □ take to *one's* heels

▶ When he heard the police coming, the thief **took to his heels**.

0912 □ do well to *do*

▶ You would **do well to follow** the doctor's advice.

0913 □ be in no mood to *do*

▶ **I'm in no mood to argue**; you never listen to me anyway.

0914 □ be endowed with A

▶ Mozart **was endowed with** great musical ability.

A보다 낫다[우월하다], 유리하다

▶ 그 젊은 테니스 선수는 연상의 상대(선수)보다 유리했다.

저녁 늦게까지 (= till late at night)

▶ 그녀의 아들은 시험 때문에 저녁 늦게까지 공부했다.

도망가다, 도망치다 (= run away)

▶ 그가 경찰이 오는 것을 듣자, 도둑은 도망쳤다.

~하는 것이 현명하다

▶ 당신은 의사의 충고를 듣는 편이 현명할 것이다.

~ 하고 싶은 기분이 아니다 (= don't feel like *do*ing)

▶ 당신과 논쟁할 기분이 아니에요. 어차피 당신은 내 말을 듣지 않을 거니까요.
usage be not in the mood to *do*라는 형태도 있다.

태어날 때부터 A(재능 등)를 가지고 있다

▶ 모짜르트는 태어날 때부터 위대한 음악적 재능을 가지고 있었다.

0915 ☐ hit the nail on the head

▶ Your remark really **hit the nail on the head**.

0916 ☐ go too far

▶ You've **gone too far** in accusing him of his dishonesty.

0917 ☐ go to extremes

▶ Don't **go to extremes** just because you are furious.

0918 ☐ indulge in A / indulge *oneself* in A

▶ I sometimes **indulge in** smoking, but I am not a heavy smoker.

0919 ☐ in some measure / in a measure

▶ We are all, **in some measure**, responsible for environmental pollution.

0920 ☐ bear fruit

▶ In spite of all their efforts, their plans haven't **borne fruit**.

바로 알아맞히다, 핵심을 꿰뚫다

▶ 당신의 발언은 정말로 핵심을 꿰뚫고 있다.

point 원래 '못의 머리를 정확히 치다' 라는 뜻.

너무 지나치다, 과언이다

▶ 당신이 그를 불성실하다고 비난한 것은 너무 지나쳤다.

[cf.] go far 크게 도움이 되다 0682 참고

극단적인 행동을 하다

▶ 당신이 화난다고 해서 극단적인 행동을 해서는 안된다.

point extreme은 '극단' 의 의미이므로 '극단적인 곳까지 가다' 가 원래의 뜻.

A(쾌락 등)에 빠지다

▶ 나는 종종 담배 피우는데 빠져들지만, 애연가는 아니다.

어느 정도 (= to some extent 0348 참고)

▶ 우리는 모두 환경오염에 대해 어느 정도 책임이 있다.

+α **in great measure, in large measure** 크게, 대대적으로

성과를 올리다, 결실을 맺다

▶ 그들의 모든 노력에도 불구하고, 그들의 계획은 결실을 맺지 못했다.

point fruit는 '열매', bear는 '(열매를) 맺게 하다' 의 뜻.

0921 ☐ **only too**

1. My brother was **only too** glad to meet you.
2. "I hear his plane crashed." "Yes, that's **only too** true."

0922 ☐ **hold up A / hold A up**

▸ An accident on Main Street **held up** traffic for thirty minutes.

0923 ☐ **at length**

1. The teach explained the grammar rule **at length** to the students.
2. **At length** the party reached the summit.

0924 ☐ **at large**

1. The suspect was **at large** for weeks.
2. People **at large** are becoming more concerned about the environment.

0925 ☐ **clear away A / clear A away**

▸ **Clear away** the toys before dinner.

¹너무나, 대단히 (= very) ²유감스럽게도

1. 내 동생이 당신과 만나게 되어 대단히 기뻐했습니다.
2. "그가 탄 비행기가 추락했다고 들었어요." "그래요, 유감스럽게도 사실입니다."

usage 이 의미로는 거의 only too true로 표현된다.

A를 지연시키다 (= delay A)

▶ 중심 거리에서 난 사고 때문에 교통이 30분간 정체되었다.

¹자세하게, 상세하게 (= in detail 0291 참고, fully)
²드디어, 마침내 (= at last 0076 참고)

1. 선생님은 학생들에게 그 문법 규칙을 상세하게 설명했다.
2. 일행은 마침내 산 정상에 도달했다.

usage 이 의미로는 문두에 사용된다. at last와 마찬가지로 부정문에서는 사용하지 않는다.

¹(위험한 사람 · 동물이) 잡히지 않다
²일반의 (= in general 0158 참고)

1. 그 용의자는 몇 주 동안 잡히지 않고 있었다.
2. 일반 시민들은 환경문제에 좀 더 관심을 가지기 시작했다.

usage 이 의미로는 명사의 바로 뒤에 위치한다.

A를 치우다, 깨끗이 하다

▶ 저녁 먹기 전에 장난감을 치워라.

0926 ☐ **dwell on A**

1. The teacher always **dwells on** the long history of our school.
2. Don't **dwell on** your past failures any longer.

0927 ☐ **go in for A**

1. He decided to **go in for** the hurdles.
2. I will **go in for** yoga.

0928 ☐ **be bent on A**

1. He **is bent on** becoming a photographer.
2. My daughter **is bent on** games and puzzles.

0929 ☐ **rise to *one's* feet / get to *one's* feet**

▶ Hearing a strange noise outside, the detective **rose to his feet**.

0930 ☐ **put down A / put A down**

1. The police **put down** the riot in six hours.
2. He **put** the story **down** on paper while it was still fresh in his mind.

¹A에 대하여 길게 쓰다, 이야기 하다 ²A를 곰곰이 생각하다

1. 선생님은 언제나 학교의 역사에 대해 길게 이야기한다.
2. 더 이상 과거의 실패를 곰곰이 생각하지 마세요.

¹A(시험 등)를 치르다, 참가하다
²A(취미 등)를 하다, 시작하게 되다

1. 그는 장애물 경주에 참가하기로 결심했다.
2. 나는 요가를 시작할 겁니다.

¹A하려고 결심하다
²A에 열중하다 (= be keen on A 0614 참고)

1. 그는 사진사가 되려고 결심하고 있다.
2. 내 딸은 게임과 퍼즐에 빠졌다.

재빨리 휙 일어서다

▶ 밖의 이상한 소리를 듣고, 그 형사는 재빨리[휙] 일어섰다.

¹A(폭동 등)를 진압하다 (= suppress A)
²A를 기록하다, 써 두다 (= write down A 0396 참고)

1. 경찰은 6시간 안에 폭동을 진압했다.
2. 그는 기억이 아직 생생하게 남아 있는 동안 그 이야기를 써 두었다.

0931 ☐ **sum up A / sum A up**

▶ She **summed up** the president's speech in only three sentences.

0932 ☐ **see through A**

▶ I **saw through** him from the beginning.
(cf.) Her courage **saw** her **through** the bad times.

0933 ☐ **face up to A**

1. You are too proud to **face up to** the truth.
2. Her situation was desperate, but she **faced up to** it.

0934 ☐ **be involved in A**

1. He **was involved in** the Whitewater scandal.
2. I **was involved in** a jigsaw puzzle all day long.

0935 ☐ **to go**

1. We have only two weeks **to go** before the Christmas vacation.
2. I'd like five cheeseburgers **to go**, please.

A를 요약하다 (= summarize A)

▶ 그녀는 사장의 연설을 단 3개의 문장으로 요약했다.
point 원래 'A의 합계를 내다' 라는 뜻.

A(사람 · 계략)를 꿰뚫어 보다, 간파하다

▶ 나는 그의 생각을 처음부터 간파했다.
cf. **see A through B** A(사람)에게 B를 타파하고 나아가게 하다
그녀의 용기는 어려운 시기를 타파하고 나아가게 했다.

¹A(싫은 사실)를 인정하다
²A(사람 · 곤란)에게 대담하게 맞서다

1. 너는 진실을 인정하기에는 자존심이 너무 세.
2. 그녀의 상황은 절망적이었지만, 그녀는 그 상황에 맞섰다.

¹A에 말려들다, A에 관련이 있다 ²A에 몰두하다

1. 그는 '화이트 워터' 사건에 연루되었다.
2. 나는 하루 내내 조각 그림 맞추기에 몰두했다.

¹(시간이나 거리가) 남아 있다 ²포장용의 (= to take out)

1. 크리스마스 휴가까지 2주 밖에 남지 않았다.
2. 치즈 버거 5개, 포장해 주세요.
usage 1, 2번 모두 명사의 바로 뒤에 위치한다.

0936 ☐ **fish for A**

▸ He **fished for** a coin in his pocket.

0937 ☐ **within *one's* means**

▸ It's very important to live **within your means**.

0938 ☐ **scores of A**

▸ She received **scores of** letters from her readers every day.

0939 ☐ **of all people**

1. You **of all people** ought to have understood him.
2. It's really surprising for her, **of all people**, to complain about her husband.

0940 ☐ **all in all**

▸ **All in all** we had a great time at the party.

0941 ☐ **stop short of *do*ing**

▸ The government will **stop short of introducing** the draft system.

A(물건)를 찾다, 뒤지다

▶ 그는 주머니 속에서 동전을 찾았다.

usage '물고기를 낚다' 라는 의미로부터 '찾다, 구하다' 의 뜻이 된다.

수입에 알맞은, 수입의 범위 내에서

▶ 수입의 범위 내에서 살아간다는 것은 매우 중요한 것이다.

opp. **beyond** *one's* **means** 수입을 초월한

point means는 '재산, 수입' 의 의미.

다수의 A, 몇 십의 A

▶ 그녀는 독자들로부터 매일 몇 십 통의 편지를 받는다.

point scores는 '20' 이므로 scores of A는 '몇 십의 A' 가 된다.

¹누구보다 먼저 ²수많은 사람 가운데 하필이면

1. 누구보다 먼저 네가 그를 이해해야 한다.
2. 수많은 사람 가운데 하필이면 그녀가 남편에 대하여 불만을 토로한다니 정말로 놀랍다.

usage 이 경우 보통 삽입해서 사용한다.

대체로, 총괄해서 (= on the whole 0454 참고, generally)

▶ 대체로 우리는 파티에서 즐거운 시간을 보냈다.

usage 보통 문두에 나온다.

~하는 것을 유보하다

▶ 정부는 징병제도의 도입을 유보할 것이다.

0942 ☐ **break with A**

1. He **broke with** an old friend of his.
2. Some Asian countries are trying to **break with** tradition in their attempts to industrialize.

0943 ☐ **in hand**

1. I don't have cash **in hand** now.
2. The maid keeps our children well **in hand**.

0944 ☐ **blow up**

1. The bomb **blew up** near the foreign ambassador.
2. My mother **blew up** at me when I refused to go on an errand for her.

¹A(사람)와 인연을 끊다 (= break up with A 0730 참고)
²A(낡은 생각 등)를 버리다 (= give up A 0117 참고)

1. 그는 옛 친구와 절교했다.
2. 아시아의 국가 중에는 공업화를 하기 위해 전통을 버리려고 하는 국가도 있다.

¹갖고 있는, 자유로이 사용할 수 있는 ²지배하에, 관리하에

1. 지금은 갖고 있는 현금이 없습니다.
2. 그 가정부는 우리 집 아이들을 잘 관리하고 있다.
[cf.] **at hand** 가까이에, 가까운 장래에 0731 참고

¹파열하다, 폭발하다 ²갑자기 화가 불끈 나다

1. 외국 대사 근처에서 폭탄이 폭발했다.
2. 내가 심부름 가기를 거절하자 어머니는 돌연 나에게 화를 냈다.
[cf.] **blow up A / blow A up** A(사람)를 꾸짖다

Step
4
Goal Idiom 201 / 31st

0945 ☐ **come up**

1. I'll let you know if something **comes up**.
2. The name of his girlfriend sometimes **comes up** in our conversations.

0946 ☐ **rest on A**

1. It **rests on** you to decide what to do next.
2. The writer's fame **rests on** his plays rather than on his novels.

0947 ☐ **confine A to B**

1. Please **confine** your questions **to** the matter under discussion.
2. The snowstorm **confined** the skiers **to** the hotel.

0948 ☐ **play on A**

▶ The makeup salesman **played on** the woman's wish to look beautiful.

0949 ☐ **catch on**

1. I'm often slow to **catch on**.
2. This kind of dancing will quickly **catch on** with young people.

¹(불편한 일이) 일어나다 (= happen)
²화제에 오르다 (= be mentioned)

1. 무슨 일이 있으면 너에게 연락하겠다.
2. 그의 여자친구의 이름이 종종 우리의 화제에 오를 때가 있다.

¹A 나름이다, A에 달려 있다 (= rest with A, depend on A 0112 참고)
²A에 근거하다 (= be based on A 0111 참고)

1. 다음에 무엇을 할지를 결정하는 것은 너에게 달려 있다.
2. 그 작가의 명성은 그의 소설보다 오히려 희곡에 근거하고 있다.

¹A(발음·노력 등)를 B에게 제한하다 ²A(사람)를 B에 가둬두다

1. 질문은 현재 토의 중인 문제에만 한정해 주십시오.
2. 눈보라 때문에 스키 타는 사람들은 호텔에서 나갈 수가 없었다.

A(사람의 기분)를 자극하다, 데리고 놀다

▶ 화장품 세일스맨은 여자의 아름답게 보이고 싶다는 소망을 자극했다.

¹이해하다 ²유행하다

1. 나는 종종 이해하는데 시간이 걸립니다.
2. 이런 종류의 춤은 젊은이들 사이에서 곧 유행할 것이다.

0950 ☐ **come down to A**

1. The story of Robin Hood has **come down to** us from medieval times.
2. Their whole dispute **comes down to** a struggle for power.

0951 ☐ **get A down**

1. Rainy days and Mondays always **get** me **down**.
2. This is very important. **Get** it **down** on paper.

0952 ☐ **be tied up**

▶ I can't go out tonight. I**'m tied up** with work.

0953 ☐ **get it**

1. I don't **get it**. Please explain it again.
2. You will **get it** when your father comes home.

0954 ☐ **by virtue of A / in virtue of A**

▶ The company made enormous profits **by virtue of** the success with its sales campaign.

¹A(사람)에게 전하다, 인계되다
²즉 A라는 것이 되다

1. 로빈 후드의 전설은 중세부터 우리에게 전해져 왔다.
2. 그들의 모든 논의는 결국 권력 투쟁이라는 것이 된다.

¹A(사람)를 실망시키다, 낙담시키다 (= disappoint A)
²A를 써 넣다, 기록하다 (= take down A / take A down 0396 참고)

1. 나는 비오는 날과 월요일은 늘 기분이 저조하다.
2. 이 일은 대단히 중요합니다. 종이에 써 넣으세요.
usage 이 경우, get down A라는 형태도 있다.

Step

4

Goal Idiom 201 / 32nd

매우 바쁜 (= be very busy)

▶ 오늘 저녁은 외출할 수 없어. 일 때문에 매우 바쁘거든.

¹알다, 이해하다 ²(어린이가) 야단맞다

1. 난 이해가 안되네요. 다시 한번 설명해 주세요.
2. 너희 아버지가 집에 돌아오시면 야단 맞을 거야.

A의 덕택으로, A 때문에 (= thanks to A 0161 참고)

▶ 그 회사는 판매 캠페인의 성공 덕택에 막대한 이익을 얻었다.
point 원래 'A라는 장점에 의해' 라는 뜻.

0955 ☐ **break in**

1. Thieves **broke in** while we were out last night.
2. Tom **broke in** while Jane and I were talking.

(cf.) My father bought me these new boots. I haven't **broken** them **in** yet.

0956 ☐ **by leaps and bounds**

▸ His health improved **by leaps and bounds** after the lung cancer operation.

0957 ☐ **rule out A / rule A out**

▸ The police still haven't been able to **rule out** the possibility of murder in the case of her death.

0958 ☐ **call the roll**

▸ Professor Hill **calls the roll** when he starts his lecture.

0959 ☐ **by a hair's breadth**

▸ The bullet smashed through the window and missed the man **by a hair's breadth**.

¹침입하다
²이야기에 끼어 들다, 말참견하다 (= cut in 0639 참고, interrupt)

1. 어제 저녁 우리가 외출했을 때 도둑이 침입했다.
cf. **break into A** A(가옥 등)에 침입하다 0436 참고
2. 제인과 내가 이야기 하고 있었을 때 톰이 끼어 들었다.
cf. **break in A / break A in** A(신발 등)를 신다
　　아버지가 이 새 부츠를 사주셨다. 나는 아직 그걸 신지 않았다.

급속히, 껑충껑충 뛰듯 빨리 (= rapidly)

▶ 폐암 수술을 받은 후 그의 건강은 급속히 회복되었다.
point keep, bound 모두 '뛰다' 의 뜻.

A를 제외하다, 인정하지 않다 (= exclude A)

▶ 경찰은 그녀의 사망 사건에서 살인 가능성을 배제하지 않고 있다.
point 원래 '선을 그어 A를 지우다' 의 뜻.

출석을 부르다

▶ 힐 교수는 강의를 시작할 때 출석을 부른다.
point roll은 '출석부' 의 뜻으로 원래 '출석부를 읽다' 라는 뜻.

간발의 차로

▶ 유리창을 관통한 탄환이 간발의 차로 그 남자로부터 비켜갔다.
point 여기에서 by는 '차이' 를 나타내며, '머리카락 하나의 차이로' 라는 의미가 된다.

Step
4
Goal Idiom 201 / 32nd

0960 ☐ **for the asking**

▸ You can have this book **for the asking**.

0961 ☐ **put *one's* finger on A**

▸ The electrician soon **put his finger on** the cause of the short circuit.

0962 ☐ **wipe out A / wipe A out**

▸ The entire population of the area was **wiped out** by the terrible disease.

0963 ☐ **hold *one's* ground**

▸ In spite of all the criticism, he **held his ground**.

0964 ☐ **avail *oneself* of A**

▸ You should **avail yourself of** every opportunity to practice speaking English.

0965 ☐ **pull *oneself* together**

▸ He was badly upset for a moment, but he managed to **pull himself together**.

원하면 무료로

▶ 이 책을 무료로 가지실 수 있습니다.
point 원래 '원하는 것과 교환으로' 라는 뜻.

A(원인 등)를 정확히 지적하다

▶ 그 전기 기사는 회로의 누전 원인을 정확히 지적했다.
point 원래 'A(원인)를 손가락으로 지적하다' 라는 뜻.

A를 죽이다

▶ 그 지역의 전체 인구가 무서운 질병으로 죽어버렸다.

자기의 입장을 지키다, 자기의 의견을 굽히지 않다

▶ 모든 비난에도 불구하고, 그는 자기의 의견을 굽히지 않았다.
point ground는 '진지' 라는 뜻에서 원래 '자기의 진지를 지키다' 라는 의미.

A를 이용하다 (= make use of A 0168 참고)

▶ 영어로 말하는 연습을 하기 위해서 모든 기회를 이용해야 합니다.

냉정하게 되다, 원기를 되찾다

▶ 그는 한 순간 당황하였지만, 그럭저럭 냉정을 되찾았다.
point 원래 '자기 자신을 고쳐 세우다' 라는 뜻.

0966 ☐ **exert A on B**

▸ The politician secretly **exerted** his influence **on** them to get them to change their plan.

(+α) I will **exert myself to get** high marks on the next exam.

0967 ☐ **break the ice**

▸ The host tried to **break the ice** by telling a joke.

0968 ☐ **at *one's* disposal**

▸ My car is **at your disposal**.

(syn.) If you need advice, I am **at your service**.

0969 ☐ **be cut out for A**

▸ Jane **is** not **cut out for** teaching.

(usage) Jane **is** not **cut out to be** a teacher.

0970 ☐ **be entitled to *do***

▸ He **was entitled to join** the Lions Club.

(usage) You **are entitled to** a free seat in the concert.

A(힘 등)를 B로 사용하다, 이루다

▶ 그 정치가는 계획을 변경하도록 그들에게 몰래 영향력을 행사했다.

+α exert *oneself* **to** *do* ~하도록 노력하다
    나는 이번 시험에서 좋은 점수를 딸 수 있도록 노력할 겁니다.

(좌중의) 긴장을 풀다, 입을 열다

▶ 주최자는 농담을 하면서 좌중의 긴장을 풀려고 했다.

point '겨울 바다에서 얼음을 깨고 선박의 통행을 용이하게 하는 것'에서
    나온 숙어.

자유롭게 사용할 수 있는, 처분할 수 있는

▶ 내 차는 언제나 사용해도 좋다.

syn. at *one's* **service** 사람의 도움이 되다, 자유롭게 사용할 수 있다
    당신이 충고를 필요로 한다면, 나는 언제든지 도와드릴 수 있습니다

+α put A at *one's* **disposal** A를 자유롭게 사용할 수 있게 하다

(선척적으로) A감이다

▶ 제인은 (선척적으로) 교사감이 아니다.

usage be cut out to be ~ 의 형태도 사용한다.

~할 자격 · 권리가 있다

▶ 그는 라이온즈 클럽에 가입할 자격이 있었다.

usage be entitled to A (A의 자격 · 권리가 있다)의 형태도 있다.
    당신은 콘서트에서 무료 좌석에 앉을 자격이 있습니다.

0971 □ **as of A**

▶ We will have a new address **as of** May 22.

0972 □ **take offense**

▶ My father is quick to **take offense**.

0973 □ **address** *oneself* **to A**

▶ The president **addressed himself to** the reporters.

A(일시 등) 현재에서, A의 시점에서

▶ 우리는 5월 22일부로 새 주소를 갖습니다.

+α **as of now** 현재로서 (= so far 0136 참고)

화를 내다 (= get angry)

▶ 나의 아버지는 곧잘 화를 내신다.

A에게 말을 걸다 (= speak to A)

▶ 대통령은 기자들에게 말을 걸었다.

⁰⁹⁷⁴ ☐ **pull up**

> The policeman tried to make the reckless driver **pull up**.

⁰⁹⁷⁵ ☐ **be in a temper**

> You'd better not speak to him. He **is in a temper**.

⁰⁹⁷⁶ ☐ **be all eyes**

> The children **were all eyes** while their mother was opening the parcel.
>
> (+α) When he talked about his experience in Rome, the boys **were all ears**.

⁰⁹⁷⁷ ☐ **cut A short**

1. We **cut** our trip **short** for lack of money.
2. When I was explaining my idea, the chairman **cut** me **short**.

⁰⁹⁷⁸ ☐ **let go (of A)**

> Please **let go of** me. I have to get to class.
>
> (syn.) Please **let** me **go**. I have to get to class.

(자동차가) 멈추다, (사람이) 자동차를 멈추다 (= stop)

▶ 경찰은 그 무모한 운전자를 멈추려고 했다.
(cf.) **pull up A / pull A up** A(자동차)를 멈추다
(syn.) **pull over** (자동차 등을) 길가에 대다

불끈 화를 내다 (= be in a bad temper)

▶ 그에게 말을 걸지 않는 것이 좋다. 그는 지금 불끈 화를 내고 있다.

열심히 보다, 눈을 크게 뜨고 보다

▶ 그들의 어머니들이 소포를 뜯는 동안에 아이들은 눈을 크게 뜨고 열심히 보고 있었다.
(+α) **be all ears** 온 정신을 기울이고 듣다
　　 그가 로마에서의 경험담을 말하고 있을 때 소년들은 온 정신을 기울이며 듣고 있었다.

¹A를 짧게 깎다, 짧게 하다 ²A(사람)의 이야기를 중단시키다, 방해하다

1. 우리들은 돈이 부족해서 여행[날짜를]을 짧게 줄였다.
(+α) **to cut[make] a long story short** 짧게 말하자면 0885 참고
2. 내가 내 생각을 설명하고 있을 때, 의장이 나를 방해했다.

(A로부터) 손을 놓다 (= release A)

▶ 나에게서 손을 놓으세요. 나는 수업에 가야 해요.
(syn.) **let go A / let A go** A를 자유롭게 하다

0979 ☐ **be doomed to** *do*

▸ The artist felt that he **was doomed to fail**.
usage The artist felt that he **was doomed to** failure.
syn. He **was destined to become** a great actor.

0980 ☐ **at first hand**

▸ I heard the news **at first hand** from my neighbor.

0981 ☐ **be at liberty to** *do*

▸ You **are at liberty to use** this personal computer.
+α We are **taking the liberty of sending** you our latest catalogue.

0982 ☐ **in** *one's* **shoes**

▸ If I were **in your shoes**, I wouldn't accept the bribe.
+α **Put yourself in my shoes** and you'll understand how I feel.

0983 ☐ **pull out (of A)**

▸ The train was **pulling out of** the station when I got there.

~하는 (나쁜) 운명에 있다

▶ 그 화가는 자신은 성공하지 못할 운명이었다고 느꼈다.

usage be doomed to A (A라고 하는 (나쁜) 운명에 있다)라는 형태도 있다.

syn. be destined to *do*는 좋은 운명, 나쁜 운명 모두 사용한다.

그는 훌륭한 배우가 될 운명에 있었다.

직접, 바로 (= directly, firsthand)

▶ 그 뉴스는 이웃 사람으로부터 직접 들었다.

+α at second hand 간접적으로 (= indirectly, secondhand)

자유롭게[맘대로] ~해도 좋다 (= be free to *do* 0492 참고)

▶ 이 컴퓨터를 자유롭게 사용하세요.

+α take the liberty of *do*ing 실례를 무릅쓰고 ~하다

실례를 무릅쓰고 저희의 최신 카탈로그를 송부합니다.

~의 입장이 되어서

▶ 만약 내가 당신의 입장이라면, 뇌물을 받지 않을 텐데.

point 원래 '사람의 신발을 신고' 라는 뜻.

+α put *oneself* in A's shoes A의 입장이 되다

내 입장이 되어 보면 당신은 내 심정을 이해할 것입니다.

(자동차 · 배 · 열차 등이) (A로부터) 나가다

▶ 역에 도착했을 때, 마침 열차가 역에서 나가고 있었던 참이었다.

cf. pull out A / pull A out A(치아 등)를 뽑다

Step 4 *Goal* Idiom 201 / 33rd

379

0984 ☐ **in demand**

▶ Efficient secretaries are always **in demand**.

(cf.) Travellers must show their passports **on demand**.

0985 ☐ **to and fro**

▶ The tiger is pacing **to and fro** in the cage.

0986 ☐ **leave off**

▶ Do you remember where we **left off** last week?

(cf.) He told the boys to **leave off** teasing his little brother.

0987 ☐ **have it that** 절

▶ Rumor **has it that** the hospital is going to be closed.

(+α) I **take it** from your silence **that** you disagree.

0988 ☐ **in [during] the course of A**

▶ I'll answer that question **in the course of** my next lecture.

(cf.) She's upset now, but she'll forget all about **it in the course of time**.

수요가 있다

▶ 유능한 비서들은 항상 수요가 있다.
cf. **on demand** 요구가 있는 즉시
    여행자들은 요구가 있는 즉시 여권을 제시해야 한다.

여기 저기에, 왔다갔다 하다 (= back and forth)

▶ 호랑이는 우리 속을 왔다갔다 하고 있다.

끝나다, (비 등이) 멈추다 (= stop)

▶ 지난 주는 어디에서 끝났는가 기억합니까?
cf. **leave off A / leave A off** A를 그만두다 (= stop A)
    그는 소년들에게 그의 어린 동생을 귀찮게 하지 말라고 말했다.

~라고 말하다

▶ 소문에 의하면 그 병원이 폐쇄된다고 한다.
+α **take it that** 절 ~라고 생각하다, 추측하다
    당신이 침묵하고 있는 걸 보아 당신은 반대하는군요.

A의 사이에 (= during A)

▶ 다음 강의에서 그 질문에 답하겠다.
cf. **in (the) course of time** 이윽고, 머지않아
    (= soon, in time 0118 참고)
    그녀는 지금은 기분이 상해 있지만, 곧 전부 잊을 것이다.

0989 ☐ **check out**

▶ I'm going to **check out** at 9 o'clock tomorrow morning.

0990 ☐ **be possessed of A**

▶ As a poet, he **is possessed of** a fine sensibility.

(cf.) She **was possessed by** an evil spirit.

0991 ☐ **draw on A**

▶ He sometimes **draws on** his past experiences to write his novels.

(cf.) The summer vacation is **drawing on**.

0992 ☐ **conform to A**

▶ The police officer's behavior **conformed to** the rules.

(cf.) We have to **conform** our behavior **to** the social order.

0993 ☐ **have words with A**

▶ I **had words with** my boss about the new project.

(cf.) Can I **have a word with** you about your grades?

체크아웃 하다, (호텔을) 계산하여 나가다

▶ 나는 내일 아침 9시에 체크아웃 할 것입니다.
opp. **check in** 체크인하다
cf. **check out A / check A out** A(책 등)를 대출하다

A를 가지고 있다 (= possess A)

▶ 시인으로서 그는 훌륭한 감성을 지니고 있다.
cf. **be possessed by[with] A** A에 홀리다
그녀는 악령에 홀려 있었다.

A를 이용하다, A에 의지하다

▶ 그는 소설을 쓰는데 종종 과거의 경험을 이용한다.
cf. **draw on** 가까워지다 (= draw near)
여름 휴가가 가까워지고 있다.

A(규칙 · 습관 등)에 따르다, 맞게 하다

▶ 그 경찰의 행동은 규칙에 따른 것이었다.
cf. **conform A to B** A를 B에 맞게 하다
우리는 자신의 행동을 사회의 질서에 맞춰야 한다.

A(사람)와 입씨름 하다 (= quarrel with A)

▶ 나는 그 새로운 프로젝트에 관해 상사와 입씨름 했다.
cf. **have a word with A** (충고를 위하여) A(사람)와 이야기 하다
네 성적에 관해 이야기 좀 할 수 있을까?

Step 4 *Goal* Idiom 201 / 33rd

0994 ☐ **look on**

▶ The passersby just **looked on** while the young man was attacked.

(cf.) He **looked on** me **with** contempt.

0995 ☐ **give A credit for B**

▶ We must at least **give** him **credit for** trying.

(cf.) His courage **does credit to** him.

0996 ☐ **frown on A**

▶ My father **frowns on** my smoking.

(cf.) Please don't **frown at** me. I didn't do anything wrong.

0997 ☐ **stop by (A)**

▶ Why don't you **stop by** my house on your way home?

(cf.) We **stopped over** in Kyongju on our way to Busan.

0998 ☐ **in due course**

▶ The truth will be revealed **in due course**.

방관하다, 구경하다 (= stand by 0124 참고)

▶ 그 젊은이가 구타 당하고 있는 동안 통행인들은 그저 보고만 있을 뿐이었다.

cf. look on A with B A를 B(감정)로 보다
그는 나를 경멸의 눈으로 보았다.

A(사람)에게 B의 공적을 인정하다

▶ 우리들은 적어도 그가 노력하였다는 것을 인정해 주어야 한다.

cf. do A credit / do credit to A A(사람)의 명예가 되다
그의 용기가 그의 좋은 점이다.

point credit는 '명예' 라는 뜻.

A를 싫어하다 (= disapprove of A 0587 참고)

▶ 아버지는 내가 담배 피우는 것을 싫어하신다.

cf. frown at A A(사람)에게 얼굴을 찌푸리다, 눈살을 찌푸리다
나에게 눈살을 찌푸리지 마. 나는 아무것도 잘못한 일이 없어.

(A에) 들르다

▶ 돌아가는 길에 우리 집에 들르면 어떻습니까?

cf. stop over 도중 하차하다, 여행 도중에서 (~에) 머물다
부산에 가는 도중 경주에서 묵었다.

syn. drop by (A) (A에게) 예고 없이 들르다

언젠가, 오래지 않아

▶ 오래지 않아 진실은 밝혀지게 될 것이다.

385

0999 ☐ **in accordance with A**

▶ Every nation is expected to act **in accordance with** the agreement.

(syn.) Until recently people lived **in harmony with** nature.

1000 ☐ **resign *oneself* to A**

▶ Instead of buying a new car, she **resigned herself to** using the old one.

1001 ☐ **cheer up**

▶ **Cheer up**! You don't have to worry about the result.

A와 일치하여, A에 따라서

▶ 각국은 협정에 따라서 행동하도록 기대[요구]된다.

syn. **in harmony with A** A와 조화되서

최근까지 사람들은 자연과 조화되서 생활했다.

A(불만 있는 상황)에 체념해 몸을 맡겨 따르다, A(운명 등)에 몸을 맡기다

▶ 그녀는 새 차를 사는 대신, 체념하고 오래 탔던 차를 계속 탔다.

기운을 내다

▶ 기운을 내세요. 결과는 걱정하지 않아도 좋아요.

cf. **cheer up A / cheer A up** A(사람)에게 기운을 내게 하다

from 용법 정리(분리)

☐☐ **differ from A**	A와 다르다	(0467)
☐☐ **derive from A**	A에서 유래하다	(0841)
☐☐ **escape from A**	A로부터 도망가다	(0200)
☐☐ **graduate from A**	A를 졸업하다	(0049)
☐☐ **keep from *doing***	~하는 것을 유보하다	(0368)
☐☐ **recover from A**	A(병 등)로부터 회복하다	(0424)
☐☐ **refrain from *doing***	~하는 것을 유보하다	(0368)
☐☐ **discourage A from *doing***	A(사람)가 ~하는 것을 유보시키다	(0619)
☐☐ **distinguish A from B**	A와 B를 구별하다	(0269)
☐☐ **excuse A from B**	A(사람)로부터 B(의무 등)를 면제하다	(0581)
☐☐ **free A from B**	A를 B로부터 자유롭게 하다	(0601)
☐☐ **keep A from *doing***	A가 ~하는 것을 방해하다	(0017)
☐☐ **prevent A from *doing***	A가 ~하는 것을 방해하다	(0017)
☐☐ **protect A from B**	A를 B로부터 지키다	(0534)
☐☐ **release A from B**	A를 B로부터 자유롭게 하다	(0601)
☐☐ **rescue A from B**	A를 B(위험·곤란 등)로부터 구하다	(0534)
☐☐ **save A from B**	A를 B(위험·곤란 등)로부터 구하다	(0534)
☐☐ **separate A from B**	A를 B로부터 분리하다	(0618)
☐☐ **stop A from *doing***	A가 ~하는 것을 방해하다	(0017)
☐☐ **tell A from B**	A와 B를 구별하다	(0269)

INDEX ⠃⠃

숙어 옆의 숫자는 이 책에 실려 있는 숙어의 번호입니다.
숫자가 굵은 경우는 왼쪽 페이지에 표제어로 나온 숙어이고,
가는 경우는 오른쪽 페이지에 나온 숙어입니다.

390

at peace	0310
at present	**0335**
at random	**0314**
at second hand	0980
at short notice	**0678**
at table	0310
at the cost of A	**0222**,0674
at the expense of A	0222,0674
at the mercy of A	**0320**
at the moment	0335
at the risk of A	**0747**
at the same time	0119,0450
at the sight of A	**0179**
at the thought of A	0179
at times	0278,0813
at war	0310
at will	**0890**
at work	**0310**
at worst	0337
attach A to B	**0727**
attend to A	**0416**
attract *one's* attention	0643
attribute A to B	**0752**
avail *oneself* of A	**0964**

Ⓑ

back and forth	0985
be able to *do*	0022
be about to *do*	**0083**,0345
be above *doing*	0030
be absent from A	**0032**
be absorbed in A	**0257**
be abundant in A	0757,0832
be accustomed to *doing*	**0154**
be acquainted with A	**0404**
be addicted to A	0613
be against A	**0060**,0514
be all ears	0976
be all eyes	**0976**
be all the same to A	0774

be all thumbs	**0636**
be anxious about A	0524
be anxious for A	**0524**,0599,0897
be anxious to *do*	0524
be apt to *do*	**0435**,0677
be as good as *one's* promise	0388
be as good as *one's* word	0388
be ascribed to A	0752
be ashamed of A	**0030**
be at a loss	**0156**
be at home in A	**0509**,0545
be at home with A	**0509**,0545
be at liberty to *do*	**0981**
be at odds with A	**0820**
be attached to A	0727
be attributed to A	0752
be aware of A	**0009**
be bad at A	0057
be badly off	0098
be based on A	**0111**,0946
be bent on A	**0928**
be beside *oneself* with A	**0311**
be better off	0098
be bound for A	**0485**
be bound to *do*	**0486**
be busy *doing*	**0102**
be busy with A	0102
be capable of *doing*	**0022**
be careful to *do*	0374
be caught in a shower	**0086**
be caught in a traffic jam	0086
be caused by A	0582
be certain of A	**0537**
be certain to *do*	0537
be characteristic of A	0305,**0670**
be close at hand	0731
be common to A	**0641**
be compelled to *do*	0301
be composed of A	0480
be concerned about A	**0559**

be in no mood to *do*	**0913**	be notorious for A	0195
be in poor health	0071	be obliged to A for B	0027
be in the habit of *doing*	0528	be obliged to *do*	0301
be in the right	**0648**	be occupied in A	0542
be in the wrong	0648	be occupied with A	0542
be in trouble	0728	be of age	0882
be in trouble with A	**0728**	be of the opinion that 절	**0789**
be in want of A	0547	be off guard	0863
be incapable of *doing*	0022	be off *one's* guard	0863
be inclined to *do*	**0677**	be on a diet	0286
be indebted to A for B	0726,**0824**	be on edge	**0842**
be independent of A	0164	be on good terms with A	**0525**
be indifferent to A	0089,**0457**	be on guard	**0863**
be indispensable to A	0642	be on *one's* guard	**0863**
be infamous for A	0195	be on *one's* mind	**0889**
be inferior to A	0130	be on strike	**0286**
be innocent of A	0691	be on the go	0102
be intent on A	0614	be on the point of *doing*	0083,**0345**
be involved in A	**0934**	be on the verge of *doing*	0345
be jealous of A	0806	be open to A	**0444**
be keen on A	0613,**0614**,0928	be opposed to A	0060,0514
be kind enough to *do*	0501	be out of date	0762
be known by A	0546	be out of debt	0726
be known to A	**0546**	be out of temper	0377
be lacking in A	**0216**	be particular about A	**0307**
be late for A	0118	be peculiar to A	**0305**,0670
be liable for A	**0894**	be poor at A	0057
be liable to *do*	0677	be popular among A	**0026**
be like A	0037	be popular with A	**0026**
be likely to *do*	**0138**	be positive about A	**0872**
be lost in A	**0258**	be positive of A	**0872**
be mad about A	**0613**	be possessed by A	0990
be made from A	0196	be possessed of A	**0990**
be made of A	**0196**	be possessed with A	0990
be made up of A	0480	be preferable to A	**0656**
be married to A	**0033**	be prepared for A	**0431**
be near at hand	0731	be prepared to *do*	0431
be not in the mood to *do*	0913	be present at A	0032
be not so foolish as to *do*	0153	be prone to *do*	0677
be noted for A	**0195**	be proud of A	0284

J

K

know A by name	0775	let go of A	**0978**
know A by sight	0775	let in A	**0250**
know A from B	0269	let out A	0250
know better	0153	lie about	0896
know better than to *do*	**0153**	lie around	0896
		lie in A	**0040**,0479
L		lie on *one's* back	**0384**
		lie on *one's* face	0384
lay A off	**0715**	like A better than B	0101
lay A out	**0716**	like so many A	0521
lay aside A	0740	little better than A	**0657**
lay off A	**0715**	little by little	0300,0679
lay out A	**0716**	little wonder	0336
lead A to B	**0489**	little, if any	**0557**
lead A to *do*	0489	live A down	**0830**
lead to A	0489	live down A	**0830**
lean on A	**0836**	live from hand to mouth	**0438**
learn A by heart	**0184**	live on A	**0412**
learn to *do*	0003,**0088**	live up to A	**0406**
leave A alone	**0586**	live with A	**0852**
leave A behind	**0256**	long for A	0221,0524
leave A for B	0175	look A over	**0264**,0265
leave A off	0986	look A through	0264,**0265**
leave A out	**0697**	look A up in B	**0230**
leave A to B	**0531**	look after A	**0043**
leave A to *oneself*	0531	look at A	0506
leave for A	**0175**	look back	0380
leave much to be desired	**0507**	look back on A	**0380**
leave nothing to be desired	0507	look down on A	0055
leave off	**0986**	look for A	0544
leave off A	0986	look forward to *doing*	**0004**
leave out A	**0697**	look into A	**0263**,0475
let A alone~	**0586**	look on	**0994**
let A down	**0632**	look on A as B	0015
let A go	0978	look on A with B	0994
let A in	**0250**	look out	**0588**
let A out	0250	look out for A	**0588**
let alone ~	0309,0448,**0586**	look over A	**0264**,0265
let down A	**0632**	look through A	0264,**0265**
let go	**0978**	look to A	0778
let go A	0978		

414